O TERROR
DA EXISTÊNCIA

Copyright © 2018, Anthony M. Daniels e Kenneth Francis

Publicado por New English Review Press, uma subsidiária do World Encounter Institute

Copyright da edição brasileira © 2021 É Realizações

Título original: *The Terror of Existence: From Ecclesiastes to Theatre of the Absurd*

Editor | Edson Manoel de Oliveira Filho

Produção editorial e projeto gráfico | É Realizações Editora

Capa | Daniel Justi

Diagramação | Mauricio Nisi Gonçalves/Nine Design

Preparação de texto | Frank de Oliveira

Revisão | Cristian Clemente

Reservados todos os direitos desta obra. Proibida toda e qualquer reprodução desta edição por qualquer meio ou forma, seja ela eletrônica ou mecânica, fotocópia, gravação ou qualquer outro meio de reprodução, sem permissão expressa do editor.

Cip-Brasil. Catalogação na Publicação
Sindicato Nacional dos Editores de Livros, RJ

D157t

Dalrymple, Theodore, 1949-
O Terror da Existência : De Eclesiastes ao Teatro do Absurdo / Theodore Dalrymple, Kenneth Francis ; tradução Pedro Sette-Câmara. - 1. ed. - São Paulo : É Realizações, 2021.
168 p. ; 23 cm. (Abertura cultural)

Tradução de: The Terror of Existence : From Ecclesiastes to Theatre of the Absurd
ISBN 978-65-86217-50-6

1. Existencialismo. 2. Bíblia. A.T. Eclesiastes - Crítica, interpretação, etc.
3. Absurdo (Filosofia) na literatura. 4. Teatro (Literatura) - História e crítica - Séc. XX.
5. Julgamento (Ética). I. Francis, Kenneth. II. Sette-Câmara, Pedro. III. Título. IV. Série.

| 21-73514 | CDD: 142.78 |
| | CDU: 141.32 |

Camila Donis Hartmann - Bibliotecária - CRB-7/6472
28/09/2021 28/09/2021

É Realizações Editora, Livraria e Distribuidora Eireli

Rua França Pinto, 498 − São Paulo SP − 04016-002

Telefone (5511) 5572-5363 − atendimento@erealizacoes.com.br − www.erealizacoes.com.br

Este livro foi impresso pela Gráfica Assahi, em novembro de 2021. Os tipos usados são da família Sabon Light Std e Frutiger Light. O papel do miolo é Pólen soft 80 g., e o da capa cartão Supremo AA 250 g.

THEODORE DALRYMPLE
KENNETH FRANCIS

O TERROR
DA EXISTÊNCIA

De Eclesiastes ao
Teatro do Absurdo

Tradução de Pedro Sette-Câmara

É Realizações
Editora

Para minha mãe
– Kenneth Francis

"Pois que aproveitará ao homem ganhar o mundo inteiro,
se vier a perder a sua alma?" (Marcos 8,36)

Sumário

Agradecimentos 11

Introdução por *Theodore Dalrymple* 13

Introdução por *Kenneth Francis* 17

1. O livro de Eclesiastes (Dalrymple) 21

2. Eclesiastes (Francis) 25

3. *As Viagens de Gulliver*, de Swift (Dalrymple) 33

4. "O Coração Delator", de Edgar Allan Poe (Francis) 39

5. *O Estrangeiro*, de Camus (Dalrymple) 47

6. *A Náusea*, de Sartre (Francis) 53

7. "Uma história enfadonha", de Tchekhov (Dalrymple) 59

8. *Esperando Godot*, de Beckett (Francis) 65

9. *Esperando Godot* (Dalrymple) 73

10. Perguntas e respostas sobre *Esperando Godot* (Francis e Dalrymple) ... 79

11. *O Apanhador no Campo de Centeio* (Francis) 83

12. *A Morte do Rei*, de Ionesco (Dalrymple) 87

13. *A Lição*, de Ionesco (Francis) 91

14. "Aubade", de Philip Larkin (Dalrymple) 101

15. *Um Dia na Vida de Ivan Deníssovitch*, de Soljenítsin (Francis) 109

16. *Hamlet*, de Shakespeare (Dalrymple) 117

17. A "Parábola do Louco", de Nietzsche (Francis) 123

18. "A Segunda Vinda", de Yeats (Dalrymple) 129

19. *Casa de Bonecas*, de Ibsen (Francis) 135

20. *A Morte de Ivan Ilitch*, de Tolstói (Dalrymple) 143

21. "Os Mortos", de Joyce (Francis) 149

22. "A praia de Dover", de Matthew Arnold (Dalrymple) 157

23. *O Salário do Medo*, de Georges Anaud (Francis) 163

Agradecimentos

Gostaríamos de agradecer com a máxima sinceridade a nossa editora, Rebecca Bynum, por ter aceitado este livro incomum. Temos uma profunda dívida com ela. Também gostaríamos de agradecer à designer Kendra Mallock pela arte do livro.

Os dois autores gostariam de agradecer um ao outro por uma cooperação agradável e sem atrito. Embora tenhamos nos correspondido com frequência por e-mail, só nos encontramos uma vez, num *pub* de Dublin, mas gostaríamos de nos encontrar em outras ocasiões.

Theodore Dalrymple
Kenneth Francis

Introdução

Theodore Dalrymple

Suspeito que ninguém passe mais que alguns minutos, no máximo, sem fazer algum juízo, seja estético, seja moral. Com isso não quero dizer que praticamente todo mundo passe grande parte do tempo de vigília refletindo profundamente e debatendo consigo mesmo a respeito de questões de gosto e de ética. Porém, mesmo assim as pessoas fazem juízos desse tipo, ainda que não os explicitem para si mesmas.

Pelo contrário, o juízo estético e moral está tão inextricavelmente entranhado no pensamento humano que a maior parte de nós, na maioria do tempo, nem percebe que está fazendo esses juízos. Quando vou a meu jardim e ele está em flor, por exemplo, não enumero suas características e concluo, como faria com um silogismo, que ele é bonito. Minha apreensão de sua beleza é praticamente simultânea à minha percepção: porém, isso não significa que não seja um juízo.

De fato, mal chega a ser possível imaginar seres humanos que não façam juízos estéticos ou morais. Como eles seriam? É fácil pensar em pessoas com escalas de valores muito diferentes das nossas – aliás, todo dia encontramos pessoas assim –, mas nunca encontramos ninguém que não tenha nenhuma escala de valores, ainda que essa escala seja repulsiva para nós, ou seja inconstante de um momento para o outro. *The Mountain People* foi um livro famoso do antropólogo social Colin Turnbull, que descrevia uma tribo ugandense denominada ik, cujos membros, após serem expulsos de suas terras ancestrais e terem perdido seu modo de vida tradicional, aparentemente tornaram-se amorais por completo. Segundo a descrição de Turnbull, eles deixaram de se importar uns com os outros, passaram a agir com insensibilidade extrema ou crueldade com aqueles dentre eles que sofriam, incluindo os próprios pais e filhos, e a aproveitar-se sem remorsos uns dos outros, levando vantagem em cada situação da maneira mais escancaradamente egoísta imaginável. A precisão da descrição de Turnbull foi posta em xeque (diz-se que ele não falava a língua ik, e considerou-se que ele entendeu mal tudo que testemunhou), mas, ainda que sua descrição fosse verdadeira, que os ik fossem exatamente como ele os retratou, isto é, um bando de psicopatas, não seria verdadeiro que, individualmente, eles não tivessem uma escala de valores. O problema era que eles tinham ficado tão atomizados que sua própria sobrevivência era a única coisa que importava para eles – mas importava.

Imagino, então, que nossa constituição mesma de seres humanos – e nossa situação de animais sociais – implica ou impõe-nos a necessidade de fazer juízos. Hoje em dia, às vezes se ouvem pessoas elogiarem a si mesmas por não julgarem, mas esse é um caso de mau uso da linguagem. O que elas querem dizer é que não são excessivamente críticas, isto é, não são o tipo de pessoa que faz juízos rápidos e condenatórios sobre outras pessoas (na verdade, há uma grande probabilidade de que elas sejam excessivamente críticas em relação àquelas que consideram excessivamente críticas). Não é possível que elas queiram dizer que não emitem juízos, porque a suposta desejabilidade de não fazer juízos é em si um juízo. Seria preciso ser muito imperfeitamente consciente para não fazer juízo algum. Juízos são como convenções: você pode mudá-los, mas não pode fugir deles.

Embora sejamos obrigados por nossa posição existencial, digamos assim, a fazer juízos, a base metafísica em que nos apoiamos para fazê-los é incerta para a maioria de nós. Além disso, a quantidade de pessoas que consideram a questão da base metafísica dos juízos aumentou enormemente com a disseminação da educação superior. Pessoas que outrora talvez tivessem aceitado os juízos morais e estéticos de outros, ou aqueles que lhes foram transmitidos por ensinamentos religiosos, e que não tiveram nem o tempo nem o ócio necessários para examiná-los, agora exigem justificativas plenas e inquestionáveis para todo e qualquer juízo. Se não há essas justificativas, se na verdade não há um ponto cartesiano com base no qual se possa alavancar os juízos, inevitavelmente segue-se a cacofonia moral e estética: para citar o poema que é o tema de um dos ensaios a seguir, "o centro hesita; livre, a anarquia reina sobre o mundo".[1]

Porém, não podemos viver na anarquia; e sempre precisamos urgentemente de uma resposta à pergunta "Como viver?". Na minha opinião, nenhuma resposta puramente naturalista pode responder a perguntas como "O que é o bem?", "O que é a beleza?", ou "Como se deve viver?". Os três grandes movimentos quase-religiosos da nossa época, o marxismo, o darwinismo e o freudismo, tentaram dar respostas "científicas" a essas perguntas, e sem dúvida o neurocientificismo logo fará sua tentativa de respondê-las. Porém, será que algum dia haverá um procedimento puramente científico para distinguir certo e errado, ou feiura e beleza? Será que algum dia conseguiremos pôr um homem em algum tipo de máquina e saber não apenas que ele está julgando e o que ele está julgando, mas também se seu juízo está correto? Acho que não; e, se é assim (e suspeito que sempre será assim), e embora nenhuma base indubitável de juízo jamais venha a ser encontrada, ela mesmo assim permanecerá necessária para que os homens façam juízos.[2] Nunca seremos capazes de pôr um homem num *tomógrafo*, mostrar-lhe uma foto de uma árvore, e concluir nada além de que ele a acha bonita. Nunca poderemos concluir da imagem num *tomógrafo* que a árvore é bonita; e, embora alguns filósofos talvez afirmem que nada é bom ou belo, exceto por causa do pensamento, a maioria de nós acredita com toda a força que a bondade e a beleza não são puramente subjetivas, não são meros construtos das nossas mentes.

---

[1] Referência a "The Second Coming" [A Segunda Vinda], de W. B. Yeats, aqui em tradução de Jorge Wanderley. (N. T.)

[2] Por "homens" claro que também quero dizer "mulheres". Parece-me muito triste que, nestes dias de literalismo abjeto, seja preciso explicar isso.

Introdução

Alguma questão relacionada ao propósito da nossa existência sempre estará conosco – por sempre quero dizer enquanto a humanidade existir. Nos breves ensaios que se seguem, Ken Francis e eu, que abordamos o mundo de diferentes pontos de vista, refletimos sobre como alguns autores responderam a essas perguntas que não podem ser respondidas, mas mesmo assim têm de ser respondidas.

Introdução

Kenneth Francis

Moro perto do mar, que fica junto de uma velha estação de trem. Numa bela manhã ensolarada de verão alguns anos atrás, eu estava dirigindo na direção da ferrovia. A paisagem se mostrava linda, com o oceano, as rochas e um trem, como uma pequena réplica de locomotiva ao longe, aproximando-se lentamente do vilarejo.

Ao chegar perto da estação, parando por um instante no sinal, pude ver um senhor idoso e cego de bengala branca. Ele estava andando numa estreita passagem em forma de arco na entrada da estação. Tive pena dele e de suas dificuldades, assim como de sua deficiência, que o impedia de ver as vistas maravilhosas daquele dia glorioso.

Porém, conforme ele entrava na passagenzinha, outro cego, uns dez anos mais novo, estava saindo. Um esbarrou no outro, como se estivessem delicadamente "fazendo esgrima" com suas bengalas brancas. A cena poderia ter saído direto de uma peça de Samuel Beckett.

Quando os homens se separaram, o que estava saindo exibia um sorriso enorme no rosto. Será que ele estava "vendo" o humor naquele encontro de Teatro do Absurdo em miniatura? Tudo o que faltava naquela cena, se Deus não existe, era a pungente trilha sonora da *Gymnopédie N.º* 1, de Erik Satie. Apesar do sorriso de um dos homens, se Deus não existe, então o incidente narrado há pouco não é motivo de riso.

Ele é pior que absurdo: é aterrorizante. Aliás, a existência quase toda é matéria de pesadelo, se Deus não existe e entendemos plenamente o que de fato é o naturalismo. Mas acreditar em Deus só pelo conforto e pela esperança não é realmente um motivo para acreditar. Sua existência ou é verdadeira ou é falsa. Porém, no século XXI, nos resquícios de uma frágil cultura cristã no Ocidente, parece que o existencialismo é a nova "religião". No entanto, essa visão de mundo é realmente nauseabunda quando se expõe toda a sua feiura intelectual. E em lugar nenhum esse mundo é mais bem retratado que nos dramas do Teatro do Absurdo e nos textos dos grandes filósofos existencialistas.

Friedrich Nietzsche, filósofo ateu, declarou no fim do século XIX que Deus estava morto, e portanto ninguém mais tem responsabilidade moral. Nas palavras de um personagem de Dostoiévski, se Deus não existe, tudo é permitido. E tudo é absurdo. Não seja iludido pelo novo ateísmo popular que passa por humanismo. Ele não é mais que niilismo trancado numa gaiola, ou a reboque da moralidade de um cristianismo frágil e combalido.

Pense só: no Teatro do Absurdo predominantemente sem Deus que é o Ocidente do século XXI, valores e deveres morais objetivos não poderiam existir. O amor seria uma ilusão provocada por reações eletroquímicas no cérebro; a caridade, uma vasta vaidade, um projeto de sinalização de virtude, ou algo motivado por impulsos de culpa, ou pelo ganho financeiro pessoal.

Também não haveria sentido último num universo amoral, indiferente e sem propósito. Nesse cosmo composto integralmente de matéria, espaço e tempo, as leis da matemática e da lógica seriam inexistentes, pois ambas são imateriais (não dá para dar uma martelada na lógica ou no número 6). Além disso, crenças racionais na metafísica seriam inexistentes, porque, segundo o naturalismo, a sobrevivência do mais apto é desprovida de faculdades de crença metafísica.

E o assassinato e o estupro não seriam nem bons nem maus, apenas tabus culturalmente inconvenientes, ou comportamentos fora de moda (se uma fera na selva copula à força com outra fera da mesma espécie, isso não é estupro, não é mesmo? E se não somos mais que animais num mundo sem Deus, será que um ato físico cego, desprovido de livre-arbítrio, não é a mesma coisa? Assim como os tigres não assassinam, mas matam, e como as hienas não roubam, mas pegam?).

Mais ainda: funerais seriam acontecimentos em que vermes avançados "lamentam" a reorganização de átomos em caixas de madeira, e também a morte terminando no túmulo. Aliás, todos os nossos esforços terrenos um dia seriam inutilizados pela morte de calor do universo. Pense só: sem Deus, em algum momento do futuro, as luzes e o calor do cosmo acabarão. As carcaças de estrelas e planetas mortos vão vagar pelos cantos escuros e gélidos de um universo destruído pela decadência: a Segunda Lei da Termodinâmica em seu último suspiro.

Em suma: sem Deus, não temos Verdade Absoluta, Sentido, Autor, História, Textos, Interpretações, Pensador, Leis do Pensamento, Bom, Certo ou Errado. Estamos todos sozinhos, à deriva, tentando não naufragar num navio de idiotas do Teatro do Absurdo. Dostoiévski pergunta, em *Os Irmãos Karamazov*: "Como ficará o homem depois disso [a morte de Deus]?". Uma pessoa racional diria: "Muito confuso e perdido".

E, para citar o fantasma do "Louco" de Nietzsche, uma vez que "varramos o horizonte com uma esponja" e "desatemos a Terra do sol", será que todas as coisas na realidade não ficam submetidas à psicologia subjetiva, à linguagem relativista e à vontade de poder? E tudo se mostra ainda mais confuso quando temos de desconstruir todos os relatos históricos do passado, já que "eles são relativos e não objetivos". Deus se torna redundante, e Jesus de Nazaré se torna qualquer pessoa que queiramos que ele seja: um *hipster* inofensivo das antigas ou, pior ainda, uma fraude.

Para o pós-modernista, a história é objetivamente incognoscível. O relativista histórico dirá: "O acontecimento mesmo, os fatos, não dizem nada, não impõem sentido nenhum. É o historiador que fala, que impõe sentido". Porém, como ele pode saber que algo não é história objetiva? Será que ele tem um conhecimento objetivo da história que lhe permite dizer que uma visão particular da história não é objetiva?

Deixando a história de lado, e o mundo contemporâneo em que vivemos? Será que um relativista voaria num avião pilotado por um escultor cego? E se ele tivesse uma tosse seca, em quais instruções, as que estão num frasco de ácido sulfúrico ou num frasco de benilina, ele confiaria para curar seu mal? Segundo a teoria crítica do pós-modernismo, o texto nesses rótulos não é relativo?

Como alguém que acredita no *logos*, em qualquer momento eu tomaria a benilina e não o ácido sulfúrico para aliviar minha tosse. Também preferiria voar num avião pilotado por um piloto experiente e não por um escultor cego. Apesar de ver o mundo num estado decaído, ele mesmo assim faz sentido e é inteligível.

Porém, os textos de Eclesiastes, do existencialismo e do Teatro do Absurdo capturam de maneira brilhante um universo sem Deus. Tanto o dr. Dalrymple (que não é religioso) quanto eu (teísta) esperamos analisar nossos trechos favoritos dessas grandes obras numa série de ensaios nos capítulos a seguir, e também comentar uma peça, dialogando com base em uma perspectiva teísta e em outra ateia. Nessa nova abordagem, é possível que o *Livro de Eclesiastes* tenha se equivocado ao dizer que "não há nada de novo sob o sol".

1. O livro de Eclesiastes

Theodore Dalrymple

O Eclesiastes, assim como todos os outros livros da Bíblia, para mim só é legível naquilo que, na Inglaterra (antes que a Igreja da Inglaterra rejeitasse sua própria liturgia e corresse atrás do falso deus da modernidade), era chamado de Versão Autorizada, mas hoje é universalmente conhecido como bíblia King James. Todas as traduções subsequentes parecem-me ter a felicidade verbal de circulares burocráticas; e, se alguma obra algum dia precisou de felicidade poética ou mereceu-a, é o Eclesiastes.

Trata-se de um livro de sabedoria e não de conhecimento, e ele faz uma distinção clara entre os dois: saber viver e saber fatos a respeito da vida são coisas muito diferentes, embora o saber viver nunca esteja completo, como nos adverte o próprio Eclesiastes. Hoje talvez mais que nunca é importante avaliar a distinção entre conhecimento e sabedoria, na medida em que a era da informação, em que todo mundo, com o toque de um botão, pode descobrir praticamente tudo que já se soube (e muito mais além disso), nos incentiva a pensar que é assim que obteremos o conhecimento e a sabedoria para aplicá-lo.

Talvez não haja melhor corretivo para a *hybris*, ou a tentação do homem em relação à ausência prometeica de limites (outro traço da nossa época), que o Eclesiastes, além de ele ser um freio ao orgulho individual de realizações pessoais. No que vai dar tudo isso, enfim?

O próprio começo de sua disquisição diz-nos: "Vaidade das vaidades, tudo é vaidade".

Ninguém sabe precisamente quando o Eclesiastes foi escrito: o consenso dos estudiosos ("muito estudo se torna uma fadiga para o corpo") é que ele foi composto entre 450 e 180 a.C. Além disso, é necessário usar a voz passiva para falar de sua composição, já que ninguém sabe quem o escreveu, ou em quais circunstâncias. Assim, acho impressionante que ele não tenha perdido nada de sua relevância nos milênios subsequentes; pelo contrário, ele é ainda mais relevante para nossa vida, e, se posso formular assim, para nossa postura existencial diante da vida, do que nunca antes.

À primeira vista, o Eclesiastes talvez pareça extremamente deprimente. "Vaidade das vaidades, tudo é vaidade", a famosa afirmação com a qual ele abre, não é exatamente um pensamento que de imediato alegra o coração ou encoraja o esforço na existência cotidiana. Muito do que se segue vai pelo mesmo caminho: pois, no meio da atividade, à qual atribuímos tanta importância, estamos na vaidade. Toda atividade, todo esforço, termina do mesmo jeito, olvido e esquecimento; pois "não há memória do que é antigo, e nossos descendentes não deixarão memória junto daqueles que virão depois deles".

Isso talvez não seja estrita ou literalmente verdadeiro: louvamos pessoas famosas, ou ao menos nos lembramos delas caso realizem atos de maldade excepcional. Porém, a maior parte até mesmo da vida mais bem documentada é perdida para sempre, e ainda não sabemos muito a respeito da vida cotidiana, para nem falar da vida interior, de Shakespeare, embora a Folger Library em Washington, D.C., tenha meio milhão de livros a respeito dele. Nossa infância, em que apaixonadamente dávamos tanta importância a tantas coisas, não deixa nenhum vestígio notável em nossa mente; e, quando viro as páginas dos meus próprios copiosos cadernos de apenas poucos anos atrás, não consigo decifrá-los, embora aquilo que escrevi neles deva ter sido importante para mim na hora. Assim, para a maioria de nós, as palavras de Eclesiastes citadas há pouco são verdadeiras literalmente. Quem pode andar por um velho cemitério e ver todas aquelas tumbas abandonadas, consagradas à memória, sem refletir a respeito de como a memória é fugidia?

O Eclesiastes nos informa da futilidade do materialismo (a avidez de possuir, não a doutrina filosófica): "Aquele que ama o dinheiro nunca se fartará, e aquele que ama a riqueza não tira dela proveito. Também isso é vaidade. Quando abundam os bens, numerosos são os que comem, e que vantagem há para os seus possuidores, senão vê-los com os olhos?". O miserável namora seu ouro, mas este não altera as limitações existenciais de sua vida em um só nanossegundo ou numa única unidade angstrom.

Porém, não se depreende do fato de que o materialismo é uma futilidade que uma existência mais elevada (assim como nós, que tentamos vivê-la, queremos pensar) seja igualmente uma futilidade. "Passei então à meditação sobre a sabedoria, a loucura e a tolice. [...] Cheguei à conclusão de que a sabedoria leva vantagem sobre a loucura, como a luz leva vantagem sobre as trevas. Os olhos do sábio estão na cabeça, mas o insensato anda nas trevas. Mas eu notei que um mesmo destino espera a ambos, e disse comigo mesmo: A minha sorte será a mesma que a do insensato. Então para que me serve toda a minha sabedoria? Por isso disse eu comigo mesmo que tudo isso é ainda vaidade."

O Eclesiastes é um antídoto ou um corretivo para o orgulho, ou é assim que o interpreto. É famosa a tirada de Winston Churchill sobre Clement Attlee ser um homem modesto com muitos motivos para modéstia (naquela época, os políticos ainda tinham senso de humor, e não falavam como se acreditassem ser, ou tivessem de ser, os redentores do mundo). Porém, na verdade, todos temos muitos motivos de modéstia, pois "eu disse comigo mesmo a respeito dos homens: Deus quer prová-los e mostrar-lhes que, quanto a eles, são semelhantes aos brutos. Porque o destino dos filhos dos homens e o destino dos brutos é o mesmo: um mesmo fim os espera. A morte de um é a morte do outro. A ambos foi dado o mesmo sopro, e a vantagem do homem sobre o bruto é nula, porque tudo é vaidade. Todos caminham para um mesmo lugar, todos saem do pó e para o pó voltam".

O que, então, resta da existência humana, ou para ela, se é que resta alguma coisa? "Eis o que eu reconheci ser bom: que é conveniente ao homem comer, beber, gozar de bem-estar em todo o trabalho ao qual ele se dedica debaixo do sol, durante todos os dias de vida que Deus lhe der. Esta é a sua parte."

Da vida não se deve esperar mais do que a vida pode oferecer, uma mensagem particularmente mal vista numa época em que o homem exige poder determinar quando e como, e talvez até mesmo se vai morrer, como extensão de seus direitos naturais: pois a escolha pessoal é seu maior bem. "Para tudo há um tempo, para cada coisa há um momento debaixo dos céus"; o tempo e o momento para o homem moderno é aqui e agora, como e quando ele quer. Ele não tem o senso da vaidade última das coisas, só pensa que seus direitos foram violados se suas vontades não são atendidas com prontidão. Para ele não há tempo de chorar, tempo de lamentar, tempo de calar; as decepções da vida não são inevitáveis, são inimigos que se deve apenas vencer – ainda que o Eclesiastes nos diga que nunca poderão ser.

Alguns, é claro, podem achar o Eclesiastes desalentador. Ele não oferece a esperança de uma vida perfeita na terra, ou de um fim para o sofrimento humano. Pode-se criticar seu estoicismo, como se levasse à aceitação do que não deveria ser aceito: "se vires na região [...] a violação do direito e da justiça, não te admires". Só posso dizer que, no que me diz respeito, a consciência de que em última instância é tudo vaidade, ainda que "tudo que tua mão encontra para fazer, faze-o com todas as tuas faculdades, é profundamente consoladora, pois põe um limite às paixões e é um chamado a um senso de proporção, sem o que as virtudes viram vícios e boas intenções traduzem-se em más ações.

2. Eclesiastes

"Tudo é sem sentido", se...

Kenneth Francis

Um livro sobre uma breve história da miséria na literatura e no teatro não seria completo sem mencionar o Livro de Eclesiastes. Esse livro do Antigo Testamento, o mais melancólico da Bíblia, poderia ter sido escrito sobre a vida hoje. O Eclesiastes trata da idolatria e daqueles que, em última instância, valorizam o materialismo deste mundo e abandonam Deus. Em minhas análises relativamente breves de Eclesiastes, uma abordagem cristocêntrica dominará o sentido desse texto fascinante, ainda que altamente pessimista. Examinemos agora as partes principais desse livro ancestral.

"Tudo é sem sentido"... E assim começa o Eclesiastes. Escritas aproximadamente em 450 a.C., as palavras do "Pregador" (o rei Salomão?), como as dos aclamados existencialistas, mostram-nos como é o mundo se voltamos as costas para Deus ou o negamos.

> Somente encontrei isto: Deus criou o homem reto, mas é ele que procura os extravios (7,29).

Num mundo como esse, um título mais adequado para o planeta Terra seria "Orbe de Coração Frio que Gira Noite e Dia". Um mundo em que a linguagem é reduzida a blá-blá-blá e a moralidade ao relativismo. Um mundo permeado de tentação decadente de prazeres breves e mundanos, e não do foco no sentido último do Deus eterno da Bíblia. Um mundo em que o amor seria o chocar-se insignificante e coincidente de dois germes avançados e evoluídos, agarrados a um pontinho de lixo solar, orbitando uma bola de fogo gigantesca perdida em algum lugar do espaço sideral. Um mundo permeado de crueldade, de injustiça definitiva, de frustração, sem verdade nem sentido. Em suma, um mundo em que a vida é bizarra e a razão está morta.

Desde o Eclesiastes, várias pinturas, peças, filmes e livros provavelmente foram inspirados, de forma consciente ou inconsciente, pelas palavras do Pregador. Porém, ao contrário das visões de mundo desses artistas dos últimos dias, o Eclesiastes – que, penso, julga que a vida tem sentido quando entregamos nossa vida a Deus – mostra-nos como é a existência num universo indiferente e amoral.

Nesse mundo de pesadelo, vemo-nos numa situação em que "tudo é vaidade" (1, 2). Isso também está muito bem resumido nas obras de Friedrich Nietzsche e dos dramaturgos do Teatro do Absurdo, especialmente na *Parábola do Homem Louco* e em *Esperando Godot* (voltaremos a falar disso).

Segue o Eclesiastes:

> Que proveito tira o homem de todo o trabalho com que se afadiga debaixo do sol? Uma geração passa, outra vem; mas a terra sempre subsiste. O sol se levanta, o sol se põe; apressa-se a voltar a seu lugar; em seguida, se levanta de novo. O vento vai em direção ao sul, vai em direção ao norte, volteia e gira nos mesmos circuitos. Todos os rios se dirigem para o mar, e o mar não transborda. Em direção ao mar, para onde correm os rios, eles continuam a correr. Todas as coisas se afadigam, mais do que se pode dizer.

Como um universo sem Deus, os rios não pensam, são indiferentes, inconscientes. A letra de "Ol' Man River" resume isso muito bem:

> [...] Ele [o rio] só faz correr [...] você e eu, sabe, às vezes / Temos de suar, de suar e de cansar nossos corpos / nossos corpos estão todos doloridos / e destruídos e com muita dor [...] Fico cansado e não aguento mais tentar / Estou cansado de viver, e com medo de morrer [...].

O rio, exatamente como um universo sem Deus, nem está ciente disso, nem se importa; ele só continua correndo. Porém, na canção ao menos há esperança, pois ela reconhece que Cristo sabe que muitas coisas terrenas serão esquecidas. Mas não a alma. Outra vez o Eclesiastes:

> A vista não se farta de ver, o ouvido nunca se sacia de ouvir. O que foi é o que será: o que acontece é o que há de acontecer. Não há nada de novo debaixo do sol. Há alguma coisa da qual se diz: "Veja: isto é novo?". Ela já existia nos tempos passados. Não há memória do que é antigo, e nossos descendentes não deixarão memória junto daqueles que virão depois deles.

Em outras palavras, todo esforço, seja bom, mau ou indiferente, um dia será nada, pois a morte termina no túmulo.

> Mas, quando me pus a considerar todas as obras de minhas mãos e o trabalho ao qual me tinha dado para fazê-las, eis: tudo é vaidade e vento que passa; não há nada de proveitoso debaixo do sol (2,11). [...] Apliquei meu espírito a um estudo atencioso e à sábia observação de tudo que se passa debaixo dos céus: Deus impôs aos homens essa ocupação ingrata (1,13).

Ao contrário das criaturas do reino animal, os seres humanos têm o ônus da linguagem e da comunicação reflexiva. O filósofo romeno Emil Cioran fornece uma observação altamente perceptiva disso:

> Um zoólogo que observou gorilas em seu hábitat natural ficou impressionado com a uniformidade de sua vida e com seu ócio imenso. Horas e horas sem fazer nada. Será que eles não conheciam o tédio? Essa é de fato uma pergunta feita por um homem, um gorila ocupado.

> Longe de fugir da monotonia, os animais anseiam por ela, e aquilo que mais temem é vê-la acabar. Porque ela acaba e é substituída pelo medo, causa de toda atividade. A inação é divina; porém, foi contra a inação que o homem se rebelou. O homem sozinho, na

natureza, é incapaz de suportar a monotonia, só o homem quer que algo aconteça a qualquer custo – algo, qualquer coisa. [...] Assim ele se mostra indigno de seu ancestral: a necessidade de novidades é o traço de um gorila alienado.[1]

Porém, o homem alienado de Deus não para de procurar bezerros de ouro, sempre atrás de sua próxima dose de promiscuidade ou de materialismo.

Muitos animais talvez não sofram o tédio intelectual, mas nós, humanos, sofremos. Em *Esperando Godot*, Vladimir e Estragon, os personagens principais, esperam por alguém que nem sabem se vai aparecer. Por desespero, alienação e tédio, eles chegam até a considerar o suicídio, mas não conseguem decidir quem vai primeiro. É como se os anseios espirituais do homem neste universo nunca pudessem ser satisfeitos pelo mundo físico. À luz disso, diz o Eclesiastes:

> Porque o destino dos filhos dos homens e o destino dos brutos é o mesmo: um mesmo fim os espera. A morte de um é a morte do outro. A ambos foi dado o mesmo sopro, e a vantagem do homem sobre o bruto é nula, porque tudo é vaidade. Todos caminham para um mesmo lugar, todos saem do pó e para o pó voltam (3,19-20) [...] Porque no acúmulo de sabedoria, acumula-se tristeza, e o que aumenta a ciência aumenta a dor. [...] Vi um mal debaixo do sol, que calca pesadamente o homem. Isto é, um homem a quem Deus deu sorte, riquezas e honras; nada que possa desejar lhe falta, mas Deus não lhe concede o gozo [...] Isso é vaidade e dor (6,1-2).

Vaidade e dor para quem? Para aqueles que querem gratificação instantânea e tornam-se eles mesmos Deus e fazem as coisas do seu jeito?

> Um homem, embora crie cem filhos, viva numerosos anos e numerosos dias nesses anos, se não pôde fartar-se de felicidade [...] eu digo que um aborto lhe é preferível. Porque é em vão o fato de o aborto ter vindo e ido para as trevas. Seu nome permanecerá

---

[1] Emil Cioran, *De l'Inconvenient d'Être Né* [Sobre a Inconveniência de Ter Nascido]. Paris: Gallimard, 1973.

na obscuridade, e não terá visto nem conhecido o sol. Melhor é a sua sorte que a deste homem. E, mesmo que alguém vivesse duas vezes mil anos, sem provar a felicidade, não vão todos para o mesmo lugar? (6,3-6).

Até um aborto está conectado com o espírito. A duração desta vida nesta Terra decaída é relativamente insignificante em comparação com o êxtase da eternidade dos que foram salvos na vida após a morte.

> Também se tornou odioso para mim todo o trabalho que produzi debaixo do sol, porque devo deixá-lo àquele que virá depois de mim. E quem sabe se ele será sábio ou insensato? Contudo, é ele que disporá de todo o fruto dos meus trabalhos que debaixo do sol me custaram esforço e sabedoria. [...] E eu senti o coração cheio de desgosto por todo o labor que suportei debaixo do sol. Que um homem trabalhe com sabedoria, ciência e bom êxito para deixar o fruto de seu labor a outro que em nada colaborou, note-se bem, é uma vaidade e uma grande desgraça. Com efeito, que resta ao homem de todo o seu labor, de todas as suas azáfamas a que se entregou debaixo do sol? Todos os seus dias são apenas dores, seus trabalhos apenas tristezas; mesmo durante a noite ele não goza de descanso. Isto é ainda vaidade (2,18-23).

O abandono de Deus priva o indivíduo do destino último de todos os esforços e atos terrenos.

> Nas minhas investigações debaixo do sol, vi ainda que a corrida não é para os ágeis, nem a batalha para os bravos, nem o pão para os prudentes, nem a riqueza para os inteligentes, nem o favor para os sábios: todos estão à mercê das circunstâncias e da sorte (9,11) [...] Melhor é ir para a casa onde há luto que para a casa onde há banquete. Porque aí se vê aparecer o fim de todo homem e os vivos nele refletem (7,2).

Tudo é vão: o legado da bondade e do cuidado de uma Madre Teresa não é diferente da tirania e da crueldade de um Pol Pot ou de um Josef Stálin.

> Não há memória do que é antigo, e nossos descendentes não deixarão memória junto daqueles que virão depois deles (1,11). Porque a memória do sábio não é mais eterna que a do insensato, pois que, passados alguns dias, ambos serão esquecidos (2,16). [...] todas as coisas que Deus fez são boas, a seu tempo. Ele pôs, além disso, no seu coração a duração inteira, sem que ninguém possa compreender a obra divina de um extremo a outro (3,11). Do mesmo modo que não sabes qual é o caminho do sopro da vida, e como se formam os ossos no seio de uma mãe, assim também ignoras a obra de Deus que faz todas as coisas (11,5).

Como seres espirituais, consciente ou inconscientemente ansiamos pela transcendência. O mundo secular do Teatro do Absurdo suga a reverência que há em nós, deixando-nos com uma sensação de náusea e de vazio. Assim, envoltos em nosso orgulho, em nossa maldade, e em nossas almas inquietas, achamos que podemos entender esse mundo cujas moléculas reviram nos cérebros e corações de gorilas sem pelos que vestem ternos, saias, jeans e camisetas. Um mundo em que sexo, drogas e rap acéfalo são a ordem do dia: se é gostoso, por que não "fazer na estrada"?[2]

> Somente encontrei isto: Deus criou o homem reto, mas é ele que procura os extravios (7,29).

Colhemos aquilo que plantamos.

> Não há homem justo sobre a terra que faça o bem sem jamais pecar (7,20). [...] um só pecador pode causar a perda de muitos bens (9,18).

Se não achamos que a promiscuidade e a perversão sexual são grande coisa, então é improvável que nos arrependamos. O mesmo vale para outros vícios mundanos. Quanto mais se tenta viver uma vida boa e moral, mais claramente se enxerga as trevas em que se vivia. Um dia, enfim, todos enfrentaremos a responsabilização definitiva. Por último...

---

[2] The Beatles, "Why Don't We Do It on the Road?" [Por que Não Fazemos na Estrada?]. *White Album*, 1968.

[...] a injustiça ocupa o lugar do direito, e a iniquidade ocupa o lugar da justiça. Então eu disse comigo mesmo: Deus julgará o justo e o ímpio, porque há tempo para todas as coisas e tempo para toda a obra (3,16-17). Jovem, rejubila-te na tua adolescência, e, enquanto ainda és jovem, entrega teu coração à alegria. Anda nos caminhos de teu coração e segundo os olhares de teus olhos, mas fica sabendo que de tudo isso Deus te fará prestar conta (11,9).

Este resumo de Eclesiastes é apenas um gostinho. Muito já se escreveu sobre esse grande livro, e sem dúvida intelectos maiores do que eu contribuirão para a discussão das consequências espirituais da vida sem Deus.

O autor Douglas Coupland escreveu: "Meu segredo é que preciso de Deus – que estou doente e não consigo mais seguir sozinho. Preciso de Deus para me ajudar a dar, porque aparentemente não sou mais capaz de dar; para me ajudar a ser bom, pois aparentemente não sou mais capaz da bondade; para me ajudar a amar, pois aparentemente estou além da capacidade de amar"[3].

Sem Deus, por que um germe crescido acidentalmente daria, seria bom, ou amaria? No fim das contas, nada disso prova a existência e a necessidade de Deus para a humanidade, nem a falência espiritual da idolatria. Porém, temos o livre-arbítrio para escolher aceitar Cristo como nosso Salvador, ou então permanecermos presos no orbe de coração frio do Teatro do Absurdo. Sem Cristo, o mundo inteiro é caos. E, para os ignorantes "felizes", esse caos espiritual habita nas profundezas do abismo da alma subconsciente, desordenada, e assim tudo é sem sentido.

---

[3] Douglas Coupland, *Life After God* [*Vida Após Deus*]. Pocket Books, 1994.

3. *As Viagens de Gulliver,* de Swift

Theodore Dalrymple

O histórico médico de um homem em geral não diz tudo sobre ele, mas isso não significa que não diga alguma coisa, e a experiência de Jonathan Swift, bem jovem, com uma doença do ouvido, a qual acabou por deixá-lo totalmente surdo, não foi exatamente calculada para fazer com que ele tivesse uma ideia benevolente da existência humana. Qualquer pessoa que sofresse, apenas por alguns dias, o que ele sofreu boa parte da vida dificilmente viria a ter uma visão completamente rosada da vida; e, claro, Swift recebeu no pacote outros motivos de decepção.

Porém, o amargor pessoal por si não pode explicar a grande obra-prima de Swift, pois muitos são os amargos, e poucas são as obras-primas. O gênio literário está distribuído de maneira caprichosa, e, assim, nunca será explicado.

Um amargor no grau de Swift é consequência da desilusão que nunca chega enfim a concluir-se: afinal, se ela se concluísse, as imperfeições do mundo simplesmente seriam aceitas. Portanto, não é nem resignação nem uma indiferença assentada em relação à humanidade que Swift exibe; trata-se, antes, de uma imagem espelhada do amor, de um amor que como que fermentou e azedou. Pode-se inferir que Swift desprezava muito a humanidade porque a teria amado muito. E, afinal, ninguém critica nada com uma ferocidade tão fervente e obviamente sincera, como fez Swift, sem se importar de maneira profunda.

O brilho da concepção de Lilliput e Brobdingnag está em permitir que Swift faça uma sinopse da humanidade: ele a examina tanto de longe quanto de bem perto, suas pretensões absurdamente grandiosas e suas realidades básicas. A evidente repulsa de Swift pelas inevitáveis funções corporais do homem – e os psicanalistas sem dúvida adorariam especular sobre as origens dessa repulsa – certamente é usada de modo metonímico para a repulsa muito maior de Swift pelas falhas morais da humanidade. Porém, outra vez, ninguém sente repulsa por falhas se não acredita que uma conduta melhor é possível. Você pode detestar o clima, mas não pode vilipendiá-lo ou satirizá-lo.

Quando o rei de Brobdingnag diz a Gulliver: "Mas, pelo que entendi desde que o conheço, e pelas respostas que muito dolorosamente arranquei e extraí de você, só posso concluir que a maior parte dos seus conterrâneos é a raça mais perniciosa de vermezinhos odientos que a natureza jamais tolerou que rastejassem sobre a superfície da terra", ele certamente não está se referindo apenas à raça da qual Gulliver é o representante, mas a toda a humanidade, pois os pecados e as deficiências que ele contou são de todas as épocas e de todos os lugares. Se não fossem, *As Viagens de Gulliver* – que são a literatura em tudo o que ela tem de universal – não continuariam a falar-nos tão diretamente, mas, em vez disso, só teriam interesse para os estudiosos da época. É da natureza da grande literatura sugerir o universal ao retratar o particular.

A sátira de Swift da pequenez, da absurdidade e da presunção humanas é original em forma e em força, mas mal chega a sê-lo em sentimento. Como diz o dr. Johnson (que, aliás, não era tão admirador de Swift assim), na maioria das vezes necessitamos mais sermos recordados que informados. Sabemos em nossos corações que nossa importância no universo é modesta. Os deuses nos veem assim como meninos malvados veem moscas, como Shakespeare já tinha posto na boca de um de seus personagens; e isso é verdade não importando quanto nos consideremos importantes individualmente. As aventuras de Gulliver em Lilliput nos recordariam, se as guardássemos, que os mais poderosos e importantes entre nós não são fundamentalmente mais dignos de consideração que o imperador de Lilliput ou de Blefusco e que, se apenas estivéssemos dispostos a nos distanciar um pouco das disputas em que nos metemos, elas não nos pareceriam mais sensatas que as querelas dos liliputianos a respeito de qual ponta de um ovo cozido se deve escolher para abri-lo.

A técnica de uma viagem a uma terra estrangeira imaginária fornece a um escritor o escopo para criticar seu próprio país, sua própria cultura ou sua própria religião. Os liliputianos não são absurdos em todas as suas peculiaridades. Ainda que sejam pequeninos e ridículos em outras, eles têm certas leis que servem de espelho a práticas comuns à época – e comuns ainda hoje:

> Eles consideram a fraude um crime maior que o roubo, e por isso raramente deixam de puni-la com a morte; dizem eles que o cuidado e a vigilância, com um entendimento bastante mediano, podem preservar os bens de um homem dos ladrões, mas a honestidade não tem defesa contra um ardil superior; e, como é necessário que haja o comércio perpétuo, e negócios com o crédito, em que a fraude é permitida e há conivência com ela, ou ela não é punida por lei, o negociante honesto sempre sai na pior, e o vilão obtém vantagem. Lembro-me de uma vez em que intercedia junto ao imperador por um criminoso que tinha roubado uma grande soma de dinheiro de seu senhor, a qual ele recebera sob ordens e com a qual fugira; e, dizendo a sua majestade, tentando atenuar, que se tratava apenas de uma quebra de confiança, o imperador achou monstruoso da minha parte que eu apresentasse como defesa o maior agravamento do crime; e de fato pouco tive a responder, além de repetir o que se diz vulgarmente quanto a nações diferentes terem costumes diferentes...

Quanto mais as coisas mudam, evidentemente mais elas permanecem iguais.

Você entende algo similar na visita de Gulliver a Laputa e aos Balnibari. Ali o povo vive contrariando loucamente o bom senso, negligenciando o que está bem diante de seus olhos, e preocupando-se apenas com o que é abstruso:

> Essas pessoas estão perpetuamente inquietas, e jamais gozam de um instante de paz de espírito; e suas perturbações vêm de causas que

3. *As Viagens de Gulliver*, de Swift

afetam muito pouco o resto dos mortais. Suas apreensões nascem de várias mudanças que elas temem nos corpos celestes: por exemplo, que a Terra, pelas contínuas aproximações do Sol em relação a ela, seja, com o tempo, absorvida, ou engolida; que a face do Sol vá, gradualmente, criar uma crosta dos próprios eflúvios, e deixar de iluminar o mundo; que a Terra por muito pouco escapou de ser atingida pela cauda do último cometa, que infalivelmente a teria reduzido a cinzas; e que o próximo, cuja aparição, calculam eles, será daqui a 31 anos, provavelmente nos destruirá. Afinal, se, em seu periélio, ele chegar a um certo grau do Sol (e, por causa dos cálculos, eles têm motivo para recear isso), ela receberá um grau de calor dez mil vezes mais intenso que o do ferro incandescente, e, em sua ausência do Sol, carregará uma cauda flamejante de um milhão e quatorze mil milhas, pela qual, caso a Terra passe à distância de cem mil milhas do núcleo, ou corpo principal do cometa, será incendiada em sua passagem, e reduzida a cinzas: que o Sol, gastando diariamente seus raios sem nada que os nutra, será enfim inteiramente consumido e aniquilado; o que deve ser esperado junto com a destruição da Terra, e de todos os planetas que dele recebem sua luz.

Nesse ínterim, eles vivem em desconforto em casas mal construídas; quando Gulliver precisa de roupas, o alfaiate tira suas medidas usando abstrações geométricas e não com os métodos mais comuns e consagrados, produzindo assim roupas que não cabem direito e são desconfortáveis.

Na ilha de Balnibari, um colégio de supostos cientistas dedica seu tempo a planos absurdos para melhorar a vida, como por exemplo extrair raios de sol de pepinos, ou arar campos com porcos largando-os nesses campos, em que bolotas foram assiduamente enterradas. A falta de bom senso, a busca de quimeras, levam ao empobrecimento e à degradação, lição essa que nunca é bem aprendida. Porém, é em sua visita a Glubbdubdrib que a selvageria e a repulsa de Swift chegam ao ponto máximo. Naquela ilha, os necromantes são capazes de trazer de volta o passado, e as escamas caem dos olhos de Gulliver no que diz respeito à história moral do século anterior:

Tendo examinado de perto todas as pessoas de maior nome nas cortes dos príncipes, nos cem anos anteriores, verifiquei como o mundo foi induzido por autores prostituídos a atribuir as maiores façanhas da guerra a covardes; os conselhos mais sábios, a tolos; a sinceridade, a bajuladores; a virtude romana, a traidores do país; a piedade, a ateus; a castidade, a sodomitas; a verdade, a fofoqueiros; quantas pessoas inocentes e excelentes foram condenadas à morte ou ao banimento graças a grandes ministros com a corrupção dos juízes e com a malícia das facções; quantos malfeitores foram exaltados às mais elevadas posições de confiança, de poder, de dignidade, e de lucro; como uma porção grande dos movimentos e dos acontecimentos das cortes, dos conselhos e dos senados poderia ser questionada por devassos, prostitutas, proxenetas, parasitas e bufões. Como baixou a opinião que eu tinha da sabedoria e da integridade humanas quando fui informado das molas e dos motivos de grandes empreitadas e revoluções no mundo, e dos desprezíveis acidentes a que elas deviam seu sucesso.

Aqui temos uma repulsa em escala épica, indicativa de uma decepção numa escala igualmente épica. Porém, também temos a sensação de que, apesar da amargura, há nela um certo gozo: como se, no fundo do coração, Swift não quisesse que as coisas tivessem sido diferentes, pois a denúncia do mal é um objetivo transcendente que confere à vida um sentido que talvez, sem ele, não existisse. Certamente *As Viagens de Gulliver* não nos deixam para baixo, muito pelo contrário, lemos o livro com o coração cantando: e aqueles que ficam perplexos com a teodiceia talvez achem útil refletir a respeito disso.

4. "O Coração Delator", de Edgar Allan Poe

"Nunca fui tão bondoso com o velho quanto na semana antes de matá-lo"

Kenneth Francis

Um dos piores terrores da existência é o medo de ser assassinado ou intensamente torturado. Lemos incontáveis histórias de homicídio, tanto factuais quanto ficcionais, e as que mais nos assustam são aquelas protagonizadas por psicopatas. Os Assassinatos dos Pântanos[1] no Reino Unido durante a década de 1960 foram talvez a história mais perturbadora de assassinato de crianças inocentes por um casal de "namorados" (ou melhor, parceiros em homicídios) perturbados, Ian Brady e Myra Hindley, mas a história do assassino em série Jeffrey Dahmer (1960-1994) não é para os fracos de coração. Dahmer foi um assassino sexual que não apenas matou suas dezessete vítimas como esquartejou seus cadáveres e canibalizou alguns deles. Antes de ser morto na prisão por outro prisioneiro, Dahmer afirmou, numa entrevista dada à MSNBC em 1994, que a evolução darwiniana sem guiamento, que era ensinada nas escolas, fizera com que ele acreditasse que os seres humanos eram animais insignificantes. Dahmer agradeceu ao pai, presente à entrevista, por ter-lhe mandado materiais científicos sobre o teísmo. Ele disse: "Sempre acreditei na mentira de que a evolução é verdadeira, de que a teoria da evolução é verdadeira, que todos viemos da lama, e que, quando você morria, sabe, era o fim, não havia mais nada – isto é, a teoria toda rebaixa

---

[1] "Moors Murders", no original. (N.T.)

a vida. Comecei a ler livros que mostram como a evolução é totalmente mentirosa. Não existe base científica para ela. E desde então passei a acreditar que o Senhor Jesus Cristo é o verdadeiro Criador dos céus e da terra, que ela simplesmente não aconteceu. Eu o aceitei como Senhor e Salvador, e acredito que eu, assim como todo mundo, serei responsável perante ele. [...] Se uma pessoa acha que não existe um Deus perante o qual ela é responsável, então de que adianta tentar modificar seu comportamento para que ele permaneça num espectro aceitável?"[2]

No filme *O Massacre da Serra Elétrica*, Leatherface, o psicopata, usa uma máscara feita de pele humana. Carregando uma serra elétrica, ligada, ele persegue as vítimas antes de esquartejá-las e, em seguida, comê-las. Porém, nem todos os assassinos em série ou psicopatas são primitivos homens/ mulheres das cavernas que executam seus atos de maldade de maneira tão monstruosa. Há outros que são homens e mulheres "respeitáveis", de terno ou saia, que levam vidas aparentemente educadas e comuns, e que também parecem pessoas bondosas que dividem quitinetes e espaços de trabalho com seus semelhantes. No conto "O coração delator", de Edgar Allan Poe, conhecemos um desses personagens fictícios. Esse é talvez o conto mais querido e popular de Poe. A história foi publicada pela primeira vez no *Pioneer*, de Boston, em janeiro de 1842. O monólogo dramático começa com um narrador que fala dos nervos, da loucura, do Céu e do Inferno. Esse protagonista não se encaixa no perfil do psicomonstro:

> (Versão resumida):
>
> VERDADE! – nervoso –, terrível, terrivelmente nervoso fui e sou; mas por que você diria que sou louco? A doença que aguçou meus sentidos – não os destruiu – não os apagou. A audição estava mais aguda que todos eles. Eu ouvia todas as coisas no céu e na terra. Ouvia muitas coisas no inferno. Como, então, sou louco? Preste atenção!, e observe com que saúde – com que calma consigo contar a história inteira.

---

[2] "Remember Serial Killer Jeffrey Dahmer? Darwinism Played a Role in his Crimes, Too" [Lembra-se do Assassino em Série Jeffrey Dahmer? O Darwinismo Também Desempenhou um Papel em seus Crimes], website *Uncommon Descent*, 28 jun. 2012.

O que é mais perturbador nos psicopatas, tanto na realidade quanto no mundo da ficção, é que eles não acreditam ser loucos. De Shakespeare aos autores contemporâneos de livros de crime, esses personagens sempre justificam seus maus atos. Em "O coração delator", vemos a referência bíblica nas linhas de abertura, tiradas de Filipenses 2,10: "Para que ao nome de Jesus se dobre todo joelho no céu, na terra e nos infernos". Não há dúvida de que o narrador é um psicopata. E é difícil determinar o sexo desse personagem. Poe nunca menciona o sexo do protagonista (mas presumamos o sexo masculino). Quanto ao velho: o protagonista poderia ser seu hospedeiro ou cuidador, mas é duvidoso que seja seu filho, pois ele não se refere ao velho como "pai" ou "papai", mas apenas como "velho".

> É impossível dizer como a ideia adentrou meu cérebro pela primeira vez; porém, depois de concebida, ela me assombrou dia e e noite. Não havia objeto. Não havia paixão. Eu amava o velho. Ele nunca tinha feito nada de mau para mim. Nunca tinha me insultado. Eu não tinha desejo nenhum pelo ouro dele. Acho que foram seus olhos! Sim, foi isso! Ele tinha os olhos de um abutre – olhos azul-claros, com uma tela por cima. Sempre que eles se voltavam para mim, meu sangue esfriava; e, assim, de pouco em pouco – muito gradualmente –, fui me decidindo a tirar a vida do velho, e dessa forma me livrar dos olhos para sempre.

Em algumas culturas, os olhos podem ser considerados malignos, e um olhar tem a capacidade de causar muito mal. A *Enciclopédia Britânica* descreve: "A crença no mau olhado é antiga e onipresente [...] e persistiu no mundo inteiro até a época moderna. Com maior frequência, são acusados de mau olhado os estrangeiros, os indivíduos malformados, as mulheres sem filhos e as mulheres velhas".

O olho também tem importância teológica e simbólica porque se crê que ele é associado ao mal. Essa crença remonta às épocas ancestrais na mitologia, no folclore e na religião; na Índia e nos países em torno do Mar Mediterrâneo. Ela pode ser encontrada nas fés judaica, islâmica (Dajjal), budista e hindu (Kabandha). A ideia central é que aqueles que têm mau olhado detêm o poder de prejudicar as pessoas ou seus entes queridos apenas olhando para eles.

> A questão é a seguinte. Você imagina que eu sou louco. Os loucos não sabem nada. Mas você devia ter me visto. Devia ter visto a minha esperteza – a minha cautela – a minha previdência – a dissimulação com que trabalhei! Nunca fui tão bondoso com o velho quanto na semana antes de matá-lo. E toda noite, por volta das doze, eu girava a maçaneta da porta dele e abria – com que delicadeza! E então, quando eu tinha aberto uma fresta pela qual passasse a minha cabeça, punha uma lanterna escura, toda fechada, fechada, sem luz nenhuma saindo, e então punha a cabeça. Ah, você teria rido ao ver a esperteza com que eu a colocava! Eu ia devagar – bem, bem devagar, para não perturbar o sono do velho. Eu levava uma hora para pôr a cabeça inteira na abertura até um ponto em que eu conseguisse vê-lo deitado na cama. Ah! Até parece que um louco teria essa esperteza. E então, quando a minha cabeça estava bem dentro do quarto, eu abria cuidadosamente a lanterna – ah, mas com que cuidado – cuidadosamente (porque as dobradiças rangiam) –, eu abria só o bastante para que um único raiozinho fosse parar no olho de abutre. E isso eu fiz por sete longas noites – toda noite, bem às doze –, mas sempre encontrei o olho fechado; e assim era impossível fazer o trabalho; porque não era o velho que me incomodava, mas seu Mau Olhado.

O narrador diz: "Nunca fui tão bondoso com o velho quanto na semana antes de matá-lo". Isso é talvez o que há de mais complexo e atordoante no comportamento psicopata: como alguém pode ser tão bondoso, mas instantaneamente transformar-se num monstro. Quando as pessoas agem como "loucas" em situações ruins, o Eclesiastes (9,3) diz: "Entre tudo o que se faz debaixo do sol, é uma desgraça só existir para todos um mesmo destino; por isso o espírito dos homens transborda de malícia, a loucura ocupa o coração deles durante a vida, depois da qual vão para a casa dos mortos".

Mais do narrador:

> E toda manhã, ao raiar do dia, eu tinha a ousadia de ir ao quarto, e de falar-lhe com coragem, chamando-o pelo nome com voz calorosa, e perguntando como ele tinha passado a noite. Assim, você vê, ele teria de ser um velho muito perspicaz, de fato, para suspeitar que toda noite, bem às doze, eu o mirava em seu sono. Na oitava noite, fui mais cauteloso que de costume ao abrir a porta. O ponteiro dos minutos de um relógio vai mais rápido do que meu braço se moveu. Nunca antes daquela noite eu tinha sentido até onde ia minha própria capacidade – minha sagacidade. Eu mal conseguia conter minha sensação de triunfo. Pensar que eu estava ali, abrindo a porta, pouco a pouco, e ele nem sequer sonhava meus atos ou pensamentos secretos. Dei uma risada ao pensar nisso; e talvez ele tenha me ouvido, pois mexeu-se de repente na cama, como que sobressaltado. Agora, talvez você pense que recuei – mas não. Seu quarto estava negro como breu com a espessa treva (as janelas estavam muito bem fechadas, por medo de ladrões), e assim eu sabia que ele não podia me ver abrindo a porta, e eu fui empurrando, firme, firme. Minha cabeça tinha entrado, e eu estava prestes a abrir a lanterna, quando meu dedo escorregou no fecho de latão, e o homem deu um pulo na cama, gritando: "Quem é?"

Certamente, esse é o pior pesadelo de qualquer idoso que mora sozinho: acordar no meio da noite após ouvir um som e gritar: "Quem é?". Às vezes, o silêncio é pior. O narrador diz que ficou parado e não fez nada. Por uma hora inteira, não moveu um músculo, e nesse ínterim não ouviu o homem se deitar. Ele ficou sentado na cama, à escuta. Então, após esperar muito, com muita paciência, sem ouvi-lo deitar-se, decidiu abrir uma frestinha na lanterna.

> Então abri – você nem imagina como fui furtivo, como fui furtivo – até que enfim um simples raio tênue, como o fio de uma aranha, disparou da fresta e caiu direto no olho de abutre.

A Bíblia nos diz: "Põe a claro os segredos das trevas, e traz à luz a sombra da morte" (Jó 12,22).

"[...] que há de iluminar os que jazem nas trevas e na sombra da morte e dirigir os nossos passos no caminho da paz" (Lucas 1,79).

> Ele estava aberto – escancarado, escancarado – e fiquei furioso fitando-o. Vi de maneira perfeitamente distinta – tudo um azul embotado, com uma tela horrenda que gelava até a medula dos meus ossos...

O narrador só enxerga aquilo que quer enxergar. "Até quando aninharei a angústia na minha alma, e, dia após dia, a tristeza no coração? Até quando se levantará o meu inimigo contra mim? Olhai! Ouvi-me, Senhor, ó meu Deus! Iluminai meus olhos com vossa luz, para eu não adormecer na morte" (Salmo 12,2-3).

> [...] E então fui tomado por uma nova ansiedade – o som seria ouvido por um vizinho! A hora do velho tinha chegado! Com um berro alto, descobri a lanterna e pulei no quarto. Ele deu um grito – um só. Num instante, o arrastei para o chão, e pus a pesada cama em cima dele. Em seguida, sorri alegre, vendo o ato até ali concluído. Porém, por muitos minutos, o coração seguiu batendo com um som abafado. Isso, no entanto, não me incomodava; não seria ouvido através da parede. Enfim parou. O velho estava morto. Tirei a cama e examinei o cadáver. Sim, ele estava morto, completamente morto. Pus minha mão no coração e a mantive ali por muitos minutos. Não havia pulso. Ele estava totalmente morto. Seu olho não me perturbaria mais.

O narrador então toma precauções para esconder o corpo. Ele esquarteja o cadáver cortando a cabeça, os braços, e as pernas. Em seguida, pega três tábuas do assoalho do quarto, deposita todas as partes do corpo entre as traves, e na sequência recoloca as tábuas. Porém, logo na hora em que ele pensa ter cometido o crime perfeito, vem uma batida na porta...

> [...] Desci para abrir com o coração leve – afinal, o que eu tinha a temer agora? Então, entraram três homens, que se apresentaram, com perfeita suavidade, como policiais. Um vizinho tinha ouvido

um grito durante a noite; havia surgido a suspeita de um crime; informações tinham sido levadas à delegacia, e eles (os policiais) tinham sido convocados a vasculhar o recinto. Eu sorri – afinal, o que eu tinha a temer?

[...] Eles se sentaram, e, enquanto eu respondia descontraidamente, eles falaram de coisas familiares. Porém, em pouco tempo, senti que estava ficando pálido e quis que eles fossem embora. Minha cabeça doía, e eu tinha a sensação de que havia um zumbido em meus ouvidos; porém, eles ainda ficavam lá sentados conversando. O zumbido se tornou mais distinto: – Ele continuou e se tornou mais distinto: falei com mais liberdade para me livrar da sensação: mas ela continuou e ficou mais definida – até que, enfim, descobri que o ruído não estava dentro dos meus ouvidos. Sem dúvida naquele momento eu estava muito pálido; – mas eu falava com maior fluência, e com a voz mais alta. No entanto, o som aumentava – e o que eu poderia fazer? Era um som baixo, abafado, rápido – muito parecido com o som que um relógio faz quando envolto em algodão. Arquejei para respirar melhor – e mesmo assim os policiais não ouviram.

A consciência do narrador de Poe parece tê-lo dominado. É óbvio que as fortes batidas cardíacas que ele ouve tão alto estão em sua imaginação, ativadas por sua alma desordenada e por sua descida à paranoia e ao desespero. Embora seja um personagem de ficção, na realidade só Deus pode redimir um homem assim e libertá-lo. Poe também tinha de lidar com sua própria alma perturbada, mas nunca saberemos se ele fez as pazes com seu Criador.

O narrador fica agitado:

Eu estava falando mais rápido – com mais veemência; mas o ruído crescia o tempo todo. Levantei-me e discuti ninharias, num tom agudo e com gesticulações violentas; porém, o ruído crescia o tempo todo. Por que eles não iam embora? Fiquei andando pelo chão de um lado para o outro com passadas pesadas, como se as observações dos homens tivessem me insuflado a fúria – mas o ruído aumentava constantemente. Ah, Deus! O que eu poderia fazer? Eu espumava – eu delirava – eu xingava! Eu balançava a cadeira em que estava sentado, e a fazia raspar no assoalho, mas o ruído cobria tudo e crescia continuamente. Ele ficava mais alto – mais alto – mais alto! E ainda assim os homens conversavam de um jeito aprazível, e sorriam. Seria possível que não estivessem ouvindo? Meu Deus todo-poderoso! – não, não! Eles estavam ouvindo! – eles suspeitavam! – sabiam! – estavam zombando do meu horror! – isso pensei, e isso penso. Mas qualquer coisa era melhor que aquela agonia! Qualquer coisa era mais tolerável que aquele escárnio! Eu não conseguia mais suportar aqueles sorrisos hipócritas! Sentia que precisava gritar ou morrer! e agora – de novo! – atenção! mais alto! mais alto! mais alto! mais alto!

"Bandidos!", gani, "não precisam mais disfarçar! Eu confesso! – tirem as tábuas! aqui, aqui! – É a batida desse coração horrendo!"

A culpa no mundo da ficção e além enlouqueceu muitos personagens. Vemos isso em Lady Macbeth, quando, num estado de inconsciência, ela anda, sonâmbula, e tenta lavar o sangue alucinatório das mãos (ela manipulara o marido para que matasse o rei). A obsessão de lavar as mãos repetidamente indica seu desejo de livrar-se do fardo da culpa pelo assassinato, do qual ela se sente inconscientemente culpada. Ela ordena que a mancha de sangue desapareça de suas mãos: "Saia, mancha maldita! Saia, estou mandando!" O narrador de Poe está em apuros semelhantes. O som alto da batida do coração deixa-o louco a ponto de admitir seu mau ato. Porém, como na maior parte da grande literatura de crime e castigo, há um paradoxo enorme: o terror da existência, além de afetar profundamente a vida desses personagens e de trazer grande ansiedade a muitos, nunca deixa de nos entreter. Imagine a história de Poe de um ângulo mais harmonioso, intitulada "Um Coração de Ouro": um inquilino, que mora numa casa com um velho, cuida de suas necessidades e todos vivem felizes para sempre. O apelo não é o mesmo, não é verdade?

5. *O Estrangeiro*, de Camus

Theodore Dalrymple

Uma das muitas coisas estranhas a respeito de O Estrangeiro, o primeiro livro — e ainda o mais lido — de Albert Camus, é a data de sua publicação: 1942. Isso, é claro, foi no meio de uma guerra cataclísmica que envolvia praticamente o mundo inteiro, de que o próprio Camus participou como membro ativo da Resistência Francesa (isso o distinguia de muitos outros intelectuais franceses, cuja atitude quando da Ocupação, ou ao menos sua conduta durante ela, fora muito mais equívoca).

Tudo o mais que se possa dizer a respeito da guerra (ainda que não exatamente a seu favor, sendo ela uma calamidade a ser evitada na maioria das circunstâncias, embora não exatamente em todas), é que de um golpe ela resolve (mesmo que só temporariamente) todas as questões a respeito do sentido da vida. Durante a guerra, o sentido da vida é evitar a morte e derrotar o inimigo. O próprio Camus não tinha dúvida nenhuma a respeito da necessidade de derrotar os nazistas, o que sugere que ele tinha pelo menos uma concepção negativa do sentido da vida. Se a vida significava alguma outra coisa, não significava viver sob o governo nazista.

Assim, nesse sentido, 1942 foi um ano peculiar para publicar um livro tão niilista quanto O Estrangeiro. Porém, mesmo sem estar ciente do ano de sua publicação, como não estava quando o li pela primeira vez, acho que encontrei algo em seu tom que era insincero ou falso, e por isso desagradável. A sinceridade na literatura talvez nem sempre seja uma virtude, mas a insinceridade é quase sempre um vício.

Ninguém pode ser tão desiludido com a vida quanto Meursault, seu narrador e protagonista, pois, se alguém fosse tão desiludido assim, mal se daria ao trabalho de pôr seus pensamentos no papel. Embora o livro seja curto, escrever até mesmo cem páginas exige um esforço considerável, como atestará qualquer pessoa que já tenha tentado. Aliás, escrever um livro de prosa tão trabalhada quanto aquele requer muito esforço e autodisciplina: a verbosidade é muito mais natural, como bem sabia Pascal, que pediu desculpas pela extensão de sua carta por não ter tido tempo de escrever outra mais curta.

Agora, claro que é um gravíssimo erro confundir as opiniões de um personagem com as do autor. Se todo personagem expressasse a opinião do autor, dificilmente haveria discórdia entre os personagens de um livro, exceto se o autor não conseguisse se decidir a respeito de qual opinião dos personagens era a correta.

Porém, no caso de *O Estrangeiro*, há motivos para supor que o protagonista é, se não o próprio Camus, ao menos alguém que se assemelha muito a ele, nem que seja em sua perspectiva filosófica. Afinal, em sua obra jornalística publicada antes do livro, Camus usa um pseudônimo quase idêntico ao do protagonista de *O Estrangeiro*. Além disso, a insistência na falta de sentido moral objetivo na existência humana demonstrada pelas ações do protagonista era precisamente o ponto a respeito do qual Camus era mais explícito.

Meursault é (assim como era o próprio Camus) um francês nascido, criado e residente na Argélia, à época sob governo francês, é claro. Isso o põe numa situação limiar ou marginal: não é plenamente francês, mas certamente não é árabe. Quando, depois da guerra mundial, os nacionalistas argelinos começaram a lutar pelo poder (não pela liberdade), Camus permaneceu ambivalente. Ele não podia apoiar o *status quo*, mas também não podia apoiar de forma plena os nacionalistas. Em abstrato, ele tinha razão, mas a escolha não era abstrata.

A primeiríssima linha do livro – uma das mais memoráveis de toda a literatura – para mim soava um tanto inautêntica:

Hoje mamãe morreu. Ou talvez ontem: não tenho certeza.

Será que existe mesmo alguém tão desiludido assim? A continuação natural dessas palavras é "E ainda bem", porque você esperaria que alguém capaz de escrever isso detestasse a própria mãe. Porém, Meursault não nos dá motivo nenhum para pensar que odiava a mãe, ou que sua mãe fosse odiosa sob qualquer aspecto. Na verdade, não ficamos sabendo rigorosamente nada dela; ela poderia perfeitamente ter sido um objeto inanimado, e aliás sem nada de notável, considerando tudo o que é dito a seu respeito.

Meursault vai para o lar de idosos em que a mãe residia, e ali, enquanto vela seu caixão, recusa a oportunidade de olhá-la pela última vez, preferindo tomar uma xícara de café e fumar um cigarro. Seu interesse parece inteiramente absorvido no aqui e agora, por exemplo na aparência e no comportamento dos outros idosos do lar. Sobre seu próprio passado, não sabemos de nada, como se sua vida consistisse de uma longa série de momentos sem nada que os conectasse.

O protagonista tem uma desconexão afetiva total do mundo e também do próprio passado e do passado da mãe. Seu único caso amoroso, pela descrição do livro, poderia ter acontecido entre dois animais inferiores, considerando todo o sentido emocional que tem para ele.

O principal acontecimento do livro é o assassinato de um árabe na praia por Meursault sem um motivo adequado, apenas por um pretexto irrisório. O árabe na praia, que fica sem nome, não tem quase característica pessoal nenhuma: é apenas um árabe, provavelmente um entre milhões. Não há nenhuma indicação de que Meursault sinta o menor remorso ou sequer arrependimento pelo que fez. O homem está morto; ele matou; não há nada mais a dizer. Nem ser condenado à morte por seu crime significa grande coisa para ele.

Se alguma explicação é apresentada para sua conduta, é a seguinte:

> Era o mesmo Sol no dia em que enterrei mamãe, e, como naquele dia, minha testa doía particularmente, todas as veias pulsavam debaixo da pele.

5. *O Estrangeiro*, de Camus

Estava quente, por isso matei um homem. Parece que é essa a explicação. Você se lembra da resposta dada ao prisioneiro de Auschwitz que perguntou por que os nazistas estavam fazendo aquilo: *Hier ist kein warum*, aqui não há porquê.

Se Meursault não é o próprio Camus, com certeza também não era para ele nenhum anti-herói. De fato, Camus ficava bem chateado quando os leitores viam algo desprezível em Meursault. Achava que eles estavam sendo filosoficamente grosseiros ou simplistas, moralistas no pior sentido.

Porém, nunca li alguma explicação, ao menos que eu tenha conseguido acompanhar, da importância filosófica desse livro, por mais brilhante que ele possa ser como artefato literário. Um ano depois de sua publicação, Jean-Paul Sartre, num ensaio sobre a obra, escreveu:

> O *Estrangeiro* [...] nos mergulha com comentário no "clima" do absurdo" [...]. Ora, o absurdo é divórcio, desconexão. O *Estrangeiro* é portanto um romance de desconexão, divórcio e desorientação [...].

Confesso que isso não me diz nada: afinal, a desconexão não pode existir sem que tenha primeiro havido conexão, a desorientação é impossível sem que tenha primeiro havido orientação, e o divórcio supõe o divórcio de algo. Só consigo pensar no que Byron escreveu no começo de *Don Juan* a respeito do novo papel que Coleridge encontrara para si mesmo:

> Explicando a metafísica à nação.
> Eu queria que ele explicasse sua explicação.[1]

O absurdo, se chega a significar alguma coisa, tem de significar a ausência de qualquer propósito transcendental no universo; que tudo o que existe apenas é, e que o que acontece simplesmente acontece. Afinal, só um universo que tivesse um projeto, e portanto um projetista, não seria absurdo no sentido de Camus. Se Meursault não é um anti-herói, então só pode ser porque tudo é permitido, já que Deus não existe. Sendo o universo sem sentido, não há diferença entre fazer o bem e fazer o mal.

---

[1] No original: *Explaining metaphysics to the nation. / I wish he would explain his explanation.* (N. T.)

Nisso homem nenhum pode acreditar, ao menos nenhum homem que não tenha problemas cerebrais, não importando quais sejam suas opiniões religiosas; ele não pode viver como se isso fosse verdade, assim como não pode viver como se não houvesse diferença entre beleza e feiura. E certamente o próprio Camus não era um homem assim. Seus compromissos morais eram legião, por exemplo contra a pena de morte em quaisquer circunstâncias.

Quando li o livro pela primeira vez, muitos anos atrás, fiquei perturbado com a frieza, com a incuriosidade e com a indiferença desumanizante de Meursault em relação a sua vítima. À época, eu não conseguia, e ainda não consigo, investir o assassinato de qualquer importância filosófica além do juízo simples e óbvio de que se trata de um ato gratuito de maldade. Toda a conversa sobre o absurdo não pode disfarçar, atenuar ou desculpar essa maldade. Quando li o livro pela primeira vez, eu não via como qualquer norte-africano que o lesse poderia não ficar profundamente ofendido com ele, embora na época eu não tivesse nenhum conhecimento particular dos norte-africanos, nem especial simpatia por eles.

De tal forma se mostraram notáveis a fama de Camus e sua condição de ganhador do Prêmio Nobel bem cedo na vida que foram necessários setenta e um anos para que uma visão árabe do livro ficasse conhecida no Ocidente. Kamel Daoud, autor argelino, escreveu *Meursault, Contre-enquête* [*Meursault, contrainvestigação*], recontando a história pelos olhos do irmão da vítima. Claro que isso por si era um tributo à força do livro; porém, onde o livro de Camus tem para mim um ar de sofisticada insinceridade, o livro de Daoud tem o de uma ardente sinceridade.

6. *A Náusea*, de Sartre

Um verme gordo sobre uma montanha de crânios

Kenneth Francis

Em seu romance mais famoso, *A Náusea*, o filósofo francês Jean-Paul Sartre (1905-1980) escreveu a respeito do desespero existencial do terror da existência. O livro trata de um escritor que se vê no ventre do absurdo. Publicado em 1938, conta a história de Antoine Roquentin, que volta para a França, depois de muitos anos em viagens, para fazer algumas pesquisas e escrever um diário.

Porém, ocorre uma mudança nos pensamentos de Roquentin, e sua percepção do mundo fica bizarra. Ele sente essa mudança como uma estranha doença que parece estar progredindo; uma espécie de vertigem intelectual aguçada que leva a uma sensação de náusea. Aqui, Roquentin está refletindo:

> Pouco tempo atrás, bem na hora em que eu entrava no meu quarto, parei porque senti na mão um objeto frio que reteve minha atenção por meio de uma espécie de personalidade. Abri a mão e olhei: eu estava apenas segurando a maçaneta. Esta manhã, na biblioteca, quando o Homem Autodidata veio me dar bom dia, levei dez segundos para reconhecê-lo. Vi um rosto desconhecido, mal chegava a ser um rosto. Em seguida, sua mão estava na minha como um verme gordo. Soltei-a quase imediatamente, e o braço recuou sem vitalidade. Na rua, também, há muitos ruídos suspeitos [...][1]

---

[1] Jean-Paul Sartre, *Nausea*, 1938. Nova York, Directions, 1964. p. 11.

Aqui temos um homem profundamente confuso, com uma alma desordenada, num mundo que ele provavelmente julga ser desprovido de Deus e da ordem moral. Um homem que agora percebe as coisas de um modo parecido com o modo como um alienígena de uma galáxia diferente talvez as visse ao chegar à Terra. Ele tomou metaforicamente a "pílula vermelha" da Matrix e caiu de cabeça fora da caverna de Platão.

Tudo ficou ampliado e estranho, marcado por uma sensação de náusea. Poucos de nós temos uma percepção aguda de usar a maçaneta de uma porta, mas, para Roquentin, um ato tão banal teria toda a aparência de uma mão gorda, semelhante a um verme, apertando algo frio para entrar em outro espaço. Se a ignorância é a beatitude, então *A Náusea* é o inferno. Uma espécie de melancolia de todas as coisas feitas sem ter feito todas as coisas.

É mais que provável que *A Náusea* seja um livro autobiográfico. Sartre era um ateu ferrenho, e, apesar de ser um filósofo popular, sua visão de um mundo sem Deus era altamente perspicaz, ainda que, em última instância, falha. Se ele acreditava que o homem é plenamente responsável por sua natureza e por suas escolhas, então por que parar no homem? Por que não censurar os gramados dos jardins por crescerem demais no verão? Ou prender um gato por "assassinar" um rato?

No esquete "Sra. Premissa e Sra. Conclusão", do grupo Monty Python, a primeira diz à amiga que acaba de passar quatro horas enterrando o gato vivo para poder sair de férias. Em seguida, elas decidem visitar Jean-Paul Sartre. Quando a "sra. Sartre" atende o telefone, a sra. Premissa pergunta se ele está livre, e ouve como resposta: "Ele passou os últimos sessenta anos tentando responder a isso".[2]

Quanto à crise de Roquentin e sua busca para libertar-se da insanidade, ela é trágica, embora seja a luta de um personagem fictício. Sua situação é uma espécie de solipsismo, em que sua consciência interage com imagens num estado de hiperpercepção. Nesse inferno, não há apenas outras pessoas, mas um percebedor que luta para normalizar a "realidade".

---

[2] *Monty Python's Flying Circus*, "Mrs. Premise and Mrs. Conclusion", Terceira temporada, episódio 1, Whicker's World, 1973.

Aqui, o percebedor não está tanto lutando para descobrir se outras mentes existem, mas está se esforçando para conectar-se e relacionar-se com elas, a fim de evitar a subjugação e a queda na loucura. Segundo Sartre: "Estudar a maneira como meu corpo aparece para o Outro, ou a maneira como o corpo do Outro aparece para mim é a mesma coisa [...]. As estruturas do meu ser-para-o-Outro são idênticas às do ser-para-mim do Outro".[3]

O que Sartre quer dizer aqui é que, como ele é seu corpo, ele só atinge uma autoconsciência corporal quando tem a noção do corpo assim como ele é para os outros. Ao contrário do louco de "O Coração Delator",[4] cuja aguda doença aguçou seus sentidos, mas não os destruiu, a queda de Roquentin na tempestade do desespero se agrava. Ele entra num parque público que leva a uma praia.

> Nunca, até esses últimos dias, eu tinha entendido o sentido de "existência". Eu era como os outros, como os outros que caminham pela praia, todos bem vestidos em seus melhores trajes de primavera. Eu dizia, como eles: "O mar é verde; aquele pontinho branco ali é uma gaivota", mas não sentia que ele existia ou que a gaivota era uma "gaivota existente"; normalmente, a existência se esconde. Ela está aqui, à nossa volta, em nós, ela é nós, mas você nunca pode tocá-la. Quando eu acreditava estar pensando nela, devo crer que estava pensando em nada, que minha cabeça estava vazia, ou que havia em minha cabeça apenas uma palavra, a palavra "ser".

Para Roquentin, o mar pertencia à classe de objetos verdes lamacentos, sua cor uma qualidade do mar. Vivendo no agora, as coisas lhe parecem uma paisagem em ruínas. A existência crua desvelou-se para ele. Para aqueles que são afligidos pelo terror da existência tal como vivenciado por Roquentin, nossa ordem mundana e nossos objetos cotidianos desaparecem no abismo do grotesco.

---

[3] Jean-Paul Sartre, *Being and Nothingness* [O Ser e o Nada], 1943. p. 339.

[4] Edgar Allan Poe, "Tell-Tale Heart", *The Pioneer*, 1843.

Arrancado do cenário fenomenologicamente belo da realidade, o mar vira um enorme pântano, abaixo do qual há altas montanhas e sombrios vales repletos de criaturas horrendas que se devoram a cada segundo de cada hora de cada dia. Roquentin pode ser livre e vivenciar "o ser", mas o ônus da responsabilidade da liberdade existencial é avassalador.

Esse dilema psicológico-filosófico é resultado de um pensamento equivocado e de uma visão de mundo sem Deus. Um teatro do absurdo é exatamente isso: absurdo. Isso não quer dizer que alguns teístas, em seus períodos mais sombrios de dúvida, não vivenciem curiosos momentos de náusea. A condição humana, sendo o que é, é vulnerável a todos os tipos de momentos espirituais de reflexão filosófica. Porém, se o teísta tem uma saída, baseada não apenas em pensamento positivo ou na fé cega, a única saída para o existencialista é "criar" seu próprio mundo, ou, num desespero cego, cometer o impensável fatal.

Se o universo amoral realmente é apenas um fato bruto, o que é científica e teisticamente absurdo, então a visão de mundo é impossível de viver, a menos que ele decida ser "criativo". Nesse mundo sem Deus, as ruas e as casas tornam-se blocos geométricos e planícies com objetos de cimento de todos os formatos e tamanhos. O som do "Réquiem" de Mozart não seria mais que as observações auditivas de um gorila na selva: vibrações no ar que atingem o ouvido exterior, depois o ouvido médio, traduzidos em impulsos nervosos, e depois... bem, o resto são vibrações, moléculas e frequências de onda sonora. Nada mais que uma algazarra ruidosa a que os átomos num cérebro obedecem devido a leis fixas da química.

Mesmo a literatura e a informação que lemos todos os dias não seriam mais que bilhões de bilhões de curvinhas negras e sem sentidos em componentes derivados de árvores derrubadas e *software* de computador, e não no sentido de um falante nativo de inglês que lesse chinês e vice-versa; mas no sentido de uma aranha que atravessasse uma página de *Hamlet*, tendo a experiência das imagens físicas, mas não seu sentido. Não haverá saída desse pesadelo? Sartre acredita que sim.

Ele é contra aquilo que denomina "má fé", e nos incentiva a sermos "autênticos". E embora Roquentin seja um personagem inofensivamente "autêntico" numa obra de ficção, há uma longa lista de infames déspotas e psicopatas factuais influenciados pelo existencialismo que exerceram com vontade sua autenticidade. Um desses tiranos "autênticos" foi Pol Pot. Muitos anos antes de o morticínio de milhões de pessoas no Ano Zero começar no Camboja em meados da década de 1970, um educado e polido senhor Pot saiu do Camboja e foi para Paris estudar radiologia. Ali, ele foi profundamente influenciado por Sartre e pelo marxismo. Segundo o historiador Paul Johnson, foram as ideias de Sartre que inspiraram os soldados assassinos de Pot, o Khmer Vermelho.[5] Quando Pot voltou a seu país, os únicos vermes que engordaram foram aqueles que se banqueteavam na montanha de crânios que ele criou durante seu reino de terror.

Estima-se que, entre 1975 e 1979, o regime marxista tenha sido responsável pelas mortes de 1,7 milhão de cambojanos por execução, doença ou fome. Um acontecimento incrivelmente nauseabundo, com algumas das piores atrocidades jamais cometidas contra pessoas inocentes.

No depoimento perante um tribunal do genocídio no Camboja, Kaing Guek Eav, carcereiro-chefe de Pol Pot, disse que as crianças eram executadas para que não viessem a se vingar. A fim de poupar balas, os carrascos seguravam as crianças pelos pés e mãos e batiam suas cabeças contra os troncos das árvores nos "campos da morte" nos limites de Phnom Penh.

Ele admitiu: "Tenho a responsabilidade criminal de ter matado bebês, crianças e adolescentes", referindo-se a fotos que lhe mostraram de como as crianças foram mortas. "As imagens horrendas dos bebês sendo esmagados contra as árvores [...] eu não reconheci de imediato. Porém, depois de ver as fotos, lembrei que isso tinha acontecido. Foram meus subordinados que fizeram isso. Não os culpo, pois isso foi feito sob minha responsabilidade."[6]

É isso que acontece quando a liberdade humana consiste na capacidade da consciência de transcender sua situação material e monstros como o senhor Pot e seus carrascos só são livres se suas necessidades básicas

---

[5] Paul Johnson, "The Heartless Lovers of Humankind" [Os Amantes sem Coração da Humanidade], *The Wall Street Journal*, 5 jan. 1987.

[6] *Irish Independent*, 9 jun. 2009, "Pol Pot's Chief Jailer 'Smashed up Babies'" [O Carcereiro-chefe de Pol Pot "Esmagou Bebês"], artigo de Andrew Buncombe.

como organismos práticos são atendidas. Roquentin talvez não seja um Pol Pot, e venha a aceitar sua "liberdade" nesta vida, mas ele é apenas um personagem fictício. O senhor Pot, cujo existencialismo moralmente autônomo era-lhe de grande conforto, era real. Foi noticiado que Pol Pot morreu na cama, descansando.[7] Se não há Deus, então não há justiça última. Porém, se há Deus e Pot não implorou genuinamente por misericórdia a Cristo em seu leito de morte, então o Ano Zero começou para ele nas portas do Inferno... por toda a eternidade.

[7] David P. Chandler, *Brother Number One: A Political Biography of Pol Pot* [Irmão Número Um: Uma Biografia Política de Pol Pot]. Boulder, Colorado, Westview Press, 1999. p. 186.

7. "Uma história enfadonha", de Tchekhov

Theodore Dalrymple

Anton Tchekhov tinha 29 anos quando escreveu esse conto, sete anos depois de *A Morte de Ivan Ilitch*, de Tolstói, e alguns críticos julgam que o conto foi uma resposta. Ao contrário deste, o conto não oferece esperança nenhuma, embora devamos cuidar para não atribuir seu desespero a seu autor. Trata-se, afinal, de uma obra de ficção, e a perspectiva de um personagem não pode ser tomada como a do próprio autor, especialmente de um autor que via o coração humano com tanta perspicácia quanto Tchekhov.

O protagonista e narrador do conto é Nikolai Stepanovitch, professor emérito de medicina, que, de modo interessante, refere-se a si mesmo na terceira pessoa bem no começo de sua narração. Esse recurso estabelece que ele está tentando ver sua própria vida objetivamente, à maneira de um observador distanciado, e não como o sujeito dela, ou mesmo um participante dela. Por esse recurso, somos incentivados a supor que ele está sendo verdadeiro, que os fatos são da maneira como ele os formula. Ele descreve a si mesmo do modo como descreveria outra pessoa.

Ao menos exteriormente, a vida de Nikolai Stepanovitch foi um grande sucesso. Ele é um professor renomado e reverenciado não apenas na Rússia, mas em toda a Europa. Quando ele usa todas as condecorações e honras, é chamado de "Iconóstase" pelos alunos. Porém, agora ele está morrendo, e olha a própria vida como um gasto de espírito numa terra devastada de vergonha. (Aliás, Tchekhov, sendo médico, oferece uma descrição excelente dos sinais e dos sintomas que levarão à morte do professor. Ele tem tanto glicose quanto soroalbumina na urina. Tem inchaço nas pernas. Como está com 62 anos, idade considerada avançada em 1889, quando Tchekhov escreveu o conto, é claro que ele sofre de diabetes tipo 2, que levou à insuficiência renal. Depressão e fuga do mundo são concomitantes comuns, quase invariáveis, desse tipo de insuficiência renal. Qual proporção do desespero de Nikolai Stepanovitch pode ser atribuída à sua condição física?)

Seu casamento, outrora feliz, agora é para ele fonte de tormento, sua esposa apenas uma irritação constante. Ele fica incomodado com os estudos da filha no Conservatório, os quais considera frívolos e insinceros. Tem uma enteada a quem amava profundamente, mas à qual tem pouco a dizer depois que ela ficou enamorada do teatro, outro âmbito de trivialidade e de insinceridade. Os estudantes que ele outrora amava deixam-no com raiva com seus hábitos preguiçosos, e aqueles que procuram seu auxílio pessoal ele os considera desperdiçadores desonestos. Seu principal assistente e possível sucessor é um pedante chato, ao passo que o noivo da filha, um homem de origem alemã chamado Gnekker (quanto aos alemães, Tchekhov obviamente concorda com Tolstói), é um aventureiro pomposo, satisfeito de si, sem atrativos, falso. Porém, não está perfeitamente claro que o problema seja só dos outros: quando, por exemplo, seu assistente Piotr Ignatievitch vai vê-lo nas férias, ele nos diz:

> No meu atual estado mental, cinco minutos dele bastam para nausear-me, como se eu o estivesse vendo e ouvindo por uma eternidade. Odeio o sujeito. Sua voz branda, macia, e seu linguajar livresco me exaurem, e suas histórias me deixam atordoado [...]. Ele tem por mim os melhores sentimentos, e fala simplesmente para me dar prazer, e eu retribuo mirando-o como se quisesse hipnotizá-lo, e penso: "Vá embora, vá embora!..." Mas ele não é suscetível à sugestão do pensamento, e fica lá sentado. [...]

Piotr Ignatievitch não é pior do que um chato bem-intencionado, e, depois de atormentá-lo, Nikolai Stepanovitch escreve:

Ajo mal com Piotr Ignatievitch, e só quando ele está indo embora, e tenho um vislumbre de seu chapéu cinza atrás da cerca de jardim, quero gritar, dizendo: "Perdão, meu camarada!".

Assim, o problema está tanto com o narrador quanto com o mundo, mas ele não é o único a ter uma crise existencial. Ao examinar sua vida, ele chega à conclusão de que sua dedicação exclusiva à ciência não resultou em nada de muito grande ou importante. Ele não teve aquilo que chama de "uma ideia geral", isto é, um propósito maior para a vida, e também não consegue pensar nisso agora.

Kátia, sua enteada, sofre da mesma falta de propósito, e quer dele um guiamento que ele não tem como dar. Na posse de uma herança substancial, ela foge para juntar-se a uma companhia de teatro provinciana, tem um caso com um ator e gera um filho dele, que logo morre, e então descobre, ou parece descobrir, que os atores são todos patifes que apenas fingem ser artistas. Ela volta para casa e se estabelece num apartamento próprio. Depois de algum tempo, acha intolerável sua vida a esmo e pergunta a Nikolai Stepanovitch o que deveria fazer. Ele sugere que ela volte a atuar, já que o teatro um dia foi sua grande paixão. Essa sugestão provoca nela uma das confissões mais comoventes que conheço:

"Nikolai Stepanovitch, que crueldade!", grita ela, e subitamente enrubesce. "Você quer que eu diga a verdade em voz alta? Pois bem, já... já que é assim! Eu não tenho talento! Não tenho talento, mas... tenho muita vaidade! É isso!"

Há nisso uma verdade terrível, e sentimos sua dor pungente como se fosse nossa. Suas reclamações contra os demais atores eram na verdade uma cortina de fumaça para impedir que ela própria e os outros percebessem a futilidade de sua escolha de carreira. Infelizmente, ela não tem outra; e sua confissão faz com que nos perguntemos quanto de nossas reclamações do mundo, ou de outras pessoas, é na verdade uma consciência ignorada das nossas próprias deficiências.

Liza, filha de Nikolai Stepanovitch, também sofre uma crise de nervos. Ele tenta acalmá-la, mas vê que não tem nada de construtivo para dizer a ela. Embora Tchekhov não nos diga isso, suspeitamos que Liza enfrenta a crise de nervos porque não sabe o que fazer na vida, ou com a vida, e está longe de ter certeza de que quer passá-la com um homem como Gnekker. Em outras palavras, a crise dela é geral ou existencial, não uma resposta a um acontecimento ou situação específicos. "Meu querido papai! Meu caro, meu bom papai... Não sei o que há comigo... Estou tão triste!"

Embora seja um eminente professor de medicina, um estudioso, um homem experiente nas coisas do mundo, um pai que tentou ser bom, ele não consegue pensar em nada para dizer ou fazer:

> O que eu podia fazer? Não podia fazer nada. Havia algum peso no coração da moça; porém, eu não entendia. Não sabia nada dele, e só murmurei: "Não é nada, não é nada; vai passar. Durma, durma!".

Essa é uma admissão de impotência diante das questões mais amplas da existência humana: como viver e por que viver. Nikolai Stepanovitch pensa em receitar-lhe algo, mas depois acha melhor não fazer isso. Hoje, talvez, ele não tivesse essas hesitações; teria receitado algo. Quantas pessoas não ganham receitas de antidepressivos e de ansiolíticos porque não sabem como viver ou o que fazer com a própria vida?

Na cena final do conto, Nikolai Stepanovitch, embora esteja ele mesmo muito doente, exausto e sem muito tempo de vida, vai, a pedido da esposa, a Kharkov, para investigar a origem de Gnekker, pretendente de Liza. Gnekker disse aos pais de Liza que seu pai tem uma casa ali e uma grande propriedade ali perto, mas, quando Nikolai Stepanovitch tenta investigar, ninguém nunca ouviu falar de Gnekker nem do pai. Em suma, Gnekker não passa de um aventureiro.

Pouco depois de chegar a Kharkov, Nikolai Stepanovitch recebe um telegrama da esposa:

> Gnekker casou-se secretamente com Liza ontem. Volte.

Temos a sensação de que Liza casou-se com Gnekker por desespero, não por amor; o leitor acaba prevendo que o resultado será um longo período de tristeza para Liza.

Nikolai Stepanovitch fica indiferente à notícia, e perplexo com sua própria indiferença:

Estou perplexo não com o que Liza e Gnekker fizeram, mas com a indiferença com que recebo a notícia de seu casamento. Dizem que os filósofos e os verdadeiros sábios são indiferentes. Isso é falso: a indiferença é a uma paralisia da alma; é a morte prematura.

Ele passa a noite sem dormir:

E agora me examino. O que quero?

Sua resposta é desoladora: ele quer mais daquilo que até ali não o satisfez.

Quero que nossas esposas, nossos filhos, nossos amigos, amem em nós não nossa fama... mas nos amem como homens comuns. Algo mais? Gostaria de ter ajudantes e sucessores. Algo mais? Gostaria de acordar daqui a cem anos e poder dar só uma olhadinha no que está acontecendo na ciência. Gostaria de viver por mais dez anos... O que mais? Só isso. Eu penso e penso, e não consigo pensar em mais nada. E, por mais que eu pense, e por mais que meus pensamentos viajem, para mim é claro que não existe nada vital, nada de grande importância nos meus desejos. Na minha paixão pela ciência, no meu desejo de viver, no sentar-me nesta cama estranha, e neste esforçar-me por conhecer-me – em todos os pensamentos, sentimentos e ideias que formo a respeito de tudo, não há um laço comum que conecte tudo numa única ideia... em todas as imagens que minha imaginação desenha, nem o mais habilidoso analista conseguiria encontrar o que é chamado de ideia geral. Ou o deus de um homem vivo.

E em seguida ele acrescenta, numa linha separada:

E, se não há isso, não há nada.

Nesse ínterim, Kátia conseguiu descobrir que o pai estava em Kharkov e foi atrás dele. Ela chega a seu quarto de hotel.

"Nikolai Stepanovitch", diz ela, ficando pálida e apertando a mão contra o colo. "Nikolai Stepanovitch, não consigo mais viver assim! Não consigo! Pelo amor de Deus, me diga logo, neste instante, o que eu faço! Diga-me: o que é que eu faço?"

Nikolai Stepanovitch não consegue pensar em nada, e sugere que eles almocem. Kátia fica fria, levanta-se para ir embora, e sai pelo corredor do hotel sem virar para olhá-lo. Sabemos, e ele sabe, que ele nunca a verá de novo.

Vi seu vestido negro pela última vez: o som de seus passos sumiu. Adeus, meu tesouro!

Uma História Enfadonha é a história de um homem sem nenhum sentido de transcendência, mas que precisa dele. Qual a solução para sua situação? Tchekhov (ao contrário de Tolstói) não sugere nenhuma. Talvez não exista.

8. *Esperando Godot*, de Beckett

O absurdo da vida sem Deus

Kenneth Francis

Há algo de "A Roupa Nova do Imperador" no Teatro do Absurdo. Não estou querendo dizer que um corpo despido não possa ser divertido, ou até vagamente intrigante; em especial um que seja jogado nu num pontinho de poeira solar denominado planeta Terra, orbitando uma gigantesca bola de fogo perdida num cosmo sem Deus.

Os críticos de teatro de antigamente sempre viam o Teatro do Absurdo como algo muito francês. Agora, porém, no começo do século XXI, os habitantes do mundo teatral são invariavelmente sem Deus: "franceses" contemporâneos, quiçá. Porém, há uma diferença: a coisa mais rebelde, autêntica, *antiestablishment* que um dramaturgo do século XXI pode fazer é escrever uma bela peça desprovida de conteúdo desolado, feio, sem Deus.

Porém, antigamente, quando aqueles que se mostravam hostis aos cristãos eram *antiestablishment*, uma dessas peças revolucionárias com conteúdo lúgubre, cruel, bizarro, deprimente, desesperado, sem sentido foi *Esperando Godot*, de Samuel Beckett, que estreou muitos anos atrás, em 1953, no Théâtre de Babylone, em Paris.

Em Dublin, na Irlanda, o Gate Theatre é conhecido por produzir as melhores encenações das peças de Beckett, especialmente *Godot*. Quando *Godot* chegou a Dublin alguns anos depois da estreia em Paris, as plateias ficaram divididas, mas a peça logo se popularizou. Esse sucesso se concretizou mais tarde, em 1991, quando o Gate tornou-se o primeiro teatro do mundo a encenar dezenove peças de Beckett.

Sou um admirador relutante do *Godot* de Beckett, mais fascinado pelo tema existencial de sua obra que por sua forma, que também me intriga em grau menor. Eu diria que as peças de Eugène Ionesco são superiores às de Beckett, mas isso é só questão de opinião.

Nos últimos anos, gostar de Beckett entrou na moda, e creio que, sob certos aspectos, admiradores genuínos de *Godot* acreditam que a peça sofreu por ter se popularizado a ponto de fazer parte do *mainstream*. Parece haver certo tipo de diletantismo, de pretensão, entre muitos fãs de Beckett, devido ao conteúdo sombrio e interessante de suas peças.

Porém, deixando isso de lado, nas versões recentes de *Godot* do Gate Theatre, os dois infelizes vagabundos costumavam ser representados pelos atores Barry McGovern (Vladimir) e Johnny Murphy (Estragon). A dupla entrega o diálogo vigoroso e desconexo de Beckett com perfeição. Barry McGovern é um versátil ator *freelance* de grande renome. É também o maior ator beckettiano do mundo. Perguntei se ele achava que Beckett tinha sido inspirado de algum modo pelo Livro de Eclesiastes ou se *Godot* tornou-se mais relevante hoje do que era mais de 60 anos atrás.

Ele disse:

> Acho que *Esperando Godot* e as outras peças resistiram ao teste do tempo porque dizem mais a respeito da experiência do que significa *ser* – especialmente nesta época – que qualquer outra. Não tenho certeza de que o Eclesiastes inspirou Beckett. Ou que ele contenha muita esperança. Afinal, o impulso principal do livro é "Vaidade das vaidades... tudo é vaidade."
>
> Embora talvez os versos mais beckettianos sejam "Dois é melhor que um, pois eles têm uma boa recompensa por seus labores. Porque se caírem um levantará o outro; mas triste daquele que está só quando cai; pois ele não tem outro que o ajude a levantar-se". *Todos os que Caem* baseia-se no versículo do salmo 145: "O Senhor sustenta a todos os que caem e levanta a todos os abatidos".

Acho que *Esperando Godot* tem alguma esperança. Vladimir cita (ou melhor, cita equivocadamente) Provérbios quando diz: "A esperança, adiada, deixa doente o algo" – sendo esse algo o coração. E, apesar de toda a espera e de toda a decepção aparentemente inúteis, cada ato termina, depois de uma decisão de partir, com *Eles não se Movem*.

Talvez eles não se movam para longe da cena principal, mas a dupla o tempo todo reclama, discute, joga jogos ridículos, filosofa e até contempla o suicídio. Eles basicamente tentam matar o tempo enquanto ficam em volta de uma árvore morta num montículo cercado por uma paisagem árida. A árvore infrutífera tem ecos de Mateus 21,18-22 e de Marcos 11,12-14. Nesses trechos, temos uma narração de Jesus amaldiçoando uma figueira morta.

Em termos simbólicos, a árvore representava a falência espiritual do antigo Israel, onde, religiosamente, muitos, não todos, pareciam eretos por fora, enquanto por dentro a hipocrisia e o pecado rastejavam sorrateiros nas profundezas de seus corações. Isso, é claro, era e ainda é universal entre todas as tribos e grupos.

No centro da cena de *Godot* será que há um símbolo desses, gritando silenciosamente a morte espiritual pouco depois da Segunda Guerra Mundial? Se a peça tivesse sido escrita hoje, é bem provável que seus constantes mimimis tivessem sido pontuados por olhares esporádicos para seus iPhones espiritualmente mortos na expectativa de um tuíte de Godot, com ele respondendo: "Vejo vcs + tarde".

Outros personagens que eles encontram na peça são Pozzo (um senhor cruel na primeira aparição), Lucky (seu escravo na primeira aparição) e um garoto (um mensageiro). O que é tedioso nessa tragicomédia é sua repetição; o que é intrigante nela é seu absurdo; o que é trágico nela é a ausência de Deus, de significado, e uma situação aparentemente desesperada. Beckett uma vez disse que Godot não representava Deus. Porém, será que ele inconscientemente quis que "Godot" fosse Deus[1] ao escrever a peça, talvez num estado de transe?

---

[1] Deus, em inglês, *God*. A peça foi escrita por Beckett originalmente em francês. (N. T.)

8. Esperando Godot, de Beckett

Embora tenha crescido num ambiente protestante, a visão de mundo do adulto Beckett era certamente ateia.[2] Quanto a sua inspiração para *Godot*, ela pode vir de qualquer lugar, do *Rei Lear*, de Shakespeare, da pintura *Dois Homens Contemplando a Lua*, de Caspar Friedrich, à peça *Mercadet*, de Balzac, em que o protagonista espera em vão por uma pessoa que não aparece chamada Godeau; ou da obra de Viktor Frankl *Trotzdem Ja Zum Leben Sagen: Ein Psychologe erlebt das Konzentrationslager*; em inglês: *Man's Search for Meaning*.[3]

Porém, no *Godot* de Beckett, há muitas alusões à Bíblia nas discussões teológicas dos personagens, além de seus sofrimentos físicos e de suas roupas desconfortáveis, de tamanho errado. A menção de apenas um Evangelho por Vladimir, em referência à salvação do ladrão na cruz, é feita por alguém que parece ter algum conhecimento da Bíblia, mas pouco entendimento.

Vladimir: "Como é que, dos quatro evangelistas, só um diz que um ladrão foi salvo. Os quatro estavam lá – ou ali por perto – e somente um diz que um ladrão foi salvo. [...] Vamos, Gogo, jogue a bola de volta, jogue, uma vez que seja?".

As observações desmistificadoras do cristianismo feitas por Vladimir (ou por Beckett) não reconhecem que a corroboração unânime de indícios, mesmo num tribunal de justiça, pode muitas vezes sugerir uma conspiração para obter um consenso, um resultado favorável ou até mesmo a propaganda. Porém, análises rígidas dos Evangelhos e a inerrância e a interpretação bíblicas ficam para outro ensaio.

Mesmo assim, essa situação de pesadelo tem ecos na peça *Entre Quatro Paredes*, de Sartre: um Inferno intelectual de sofrimento eterno, e não aquele representado metaforicamente no cristianismo ou nas pinturas de Hieronymous Bosch.

Godot certamente não é uma peça a respeito de dois maltrapilhos que esperam alguém que não aparece. Não, o *Godot* de Beckett tem esse profundo efeito no mundo do teatro porque toca num dos maiores flagelos da humanidade: o tédio e a falta de sentido num mundo sem Deus.

---

[2] Francis Doherty, *Samuel Beckett*. Londres, Hutchinson & Co. Ltd., 1971.

[3] Obra conhecida em português como *Em Busca de Sentido* ou *Um Psicólogo no Campo de Concentração*. (N. T.)

Para ilustrar um breve antídoto ao aspecto de tédio da peça, imagine o contraste de um bar em vez de uma árvore sem frutos como peça central da cena de *Godot*. Nesse estabelecimento, nossos dois protagonistas maltrapilhos cairiam num estupor embriagado, alheios à tediosa espera pela pessoa que nunca chega. Temporariamente, isso resolveria o tédio. Porém, a ressaca seria horrenda, com o tédio voltando, e a busca por salvação, por sentido e pela chegada de Godot permaneceria fugidia, quando não inexistente.

Porém, se Beckett era ateu, parece que, como muitos ateus, ele talvez tenha padecido de "Deus fantasma" ou intuitivamente acreditado n'Ele. Para que o ateu aceite (no naturalismo, pode existir "aceitação"?) que é inteiramente *determinado*, a vida seria intolerável e impossível de ser vivida.

Também existe a possibilidade de que Beckett acreditasse num Deus teísta, um Deus que não se importa com a humanidade e está distante do elenco de *Godot*, naquele cenário decadente. E seus personagens Vladimir e Estragon espelham essa visão. O simbolismo em *Godot* aponta para o *pathos* do homem e sua desgraça: os dois vagabundos são imundos, e Pozzo começa sendo cruel com Lucky, a quem controla temporariamente com uma corda. A primeira aparição de Pozzo e de Lucky também pode apontar para o determinismo que um titereiro (o naturalismo) tem ao controlar seu títere (molecular).

Segundo o naturalismo, seríamos títeres moleculares sem consciência executando nossos movimentos terrenos, sendo assim talvez "sortudos" em nosso estado de ignorância cósmica e feliz. Nesse mundo, Pozzo não poderia ser acusado de crueldade; como ele poderia vir a melhorar sua moralidade? E os protagonistas que reclamam não poderiam reclamar do problema do sofrimento, pois quaisquer conversas significativas seriam paradoxalmente sem sentido e sem justificação moral.

A maldade do mundo de Beckett supera a justa indignação porque o mundo apenas é, e não é o que deveria ser. Bertrand Russel certa vez escreveu que temos de construir nossas vidas sobre as firmes bases de um desespero inabalável.[4] E o que é o desespero em *Godot*, se desespero há?

---

[4] Bertrand Russell, "A Free Man's Worship", em *Why I Am Not a Christian*, ed. P. Edwards. Nova York, Simon & Schuster, 1957. p. 107. [Lançado no Brasil com o título *Por que Não Sou Cristão*.]

Será que ele vem de as vidas dos personagens estarem em desarmonia num mundo sem Deus?

O dramaturgo Eugène Ionesco resume o sentido do desespero do Teatro de Absurdo ao escrever que absurdo é aquilo que é desprovido de propósito; "separado de suas raízes religiosas, metafísicas e transcendentais, o homem está perdido; todas as suas ações tornam-se sem sentido, absurdas, inúteis".[5]

Não posso entrar na mente de Beckett nem conhecer suas motivações; posso apenas especular a respeito do que me parece mais provável que improvável. Se ele estava rejeitando o *logos* e abraçando a vanguarda ao virar as costas para as convenções clássicas por motivos niilistas, então creio que ele, sem perceber, acaba enredado em sua própria teia de secularismo. Por quê? Um mundo tão esquisito prova que nossa existência aponta para a existência de Deus mostrando-nos o absurdo da vida no naturalismo.

Porém, se, como Brecht, por motivos políticos, a peça de Beckett é uma tentativa deliberada de subverter o efeito da catarse, então pareceria que essa narrativa anticristã que exibe a ausência de resolução catártica de emoções poderia afundar abaixo da consciência e influenciar plateias de tipos rebeldes a abraçar o secularismo.

Como o homem secular é movido por desejos sem fim, inatingíveis e sem nenhum destino superior, também podemos ver a lúgubre visão de Beckett na literatura filosófica, na música, na arte e no cinema surrealistas: do Schopenhauer sem Deus,[6] de Wagner,[7] de Nietzsche,[8] a Ernst[9] e a Buñuel.[10]

---

[5] Eugène Ionesco, *"Dans les Armes de la Ville"* [*"Nas Armas da Cidade"*]. *Cahiers de la Compagnie Madeleine Renaud-Jean-Louis-Barrauts*, Paris, n. 20, out. 1957.

[6] Arthur Schopenhauer, *O Mundo como Vontade e Representação*.

[7] Wagner, *Tristão e Isolda*.

[8] Nietzsche, "Parábola do Homem Louco".

[9] Max Ernst, *At the First Clear Word* (1923).

[10] Luis Buñuel, *Esse Obscuro Objeto do Desejo* (1977), e *O Charme Discreto da Burguesia* (1972).

Sem dúvida, as expectativas daqueles que viram *Godot* pela primeira vez foram contraditadas pelas anomalias na narrativa e no desfecho absurdos. É isso que acontece quando a ordem moral é suprimida ou virada de cabeça para baixo. Qualquer que seja o caso, minha crítica do drama absurdo e ateu de Beckett de maneira nenhuma prova que o cristianismo é verdadeiro, assim como não se pode provar com certeza definitiva a existência do mundo exterior ou de outras mentes além da própria. Porém, ela prova que a existência nesse mundo absurdo não é apenas irracional, mas assustadoramente impossível de ser vivida.

Creio que a frase mais profunda na história da humanidade é a primeira do Evangelho de São João (1,1): "No princípio era o verbo". O Verbo é *logos*: Lógica, Linguagem, Verdade, Razão, Beleza, Sentido, Ordem Moral. Em última instância, o *logos* é Deus. E, em última instância, *Godot* é desprovido disso. Mas até o conceito de um universo sem sentido em ruínas é intrigante em sua nudez, por ser paradoxalmente repulsivo, mas também fascinante em sua inospitalidade irresolvida.

9. *Esperando Godot*

Theodore Dalrymple

Logan Pearsall Smith, um literato americano, escreveu que uma vez conheceu um homem que ficava tão para baixo com a banal perspectiva de ter de calçar os sapatos e amarrar o cadarço todo dia que cometeu suicídio. As botas de Estragon em *Esperando Godot* também o exaurem: no começo da peça, vemo-lo deixando-se cair para trás exausto ao tentar, sem sucesso, tirar a bota. Esse ato totalmente banal solapa sua vontade. "Nada a fazer", diz ele.

Não há nada a fazer porque nada pode ser feito: qualquer esforço que você faça, tudo vai, no mais profundo sentido, permanecer igual. Sua vida – a vida de todo mundo – não passa de um período de consciência vazia entre duas eternidades de olvido. Usamos vários expedientes débeis para disfarçar esse fato de nós mesmos, mas, quanto mais sinceros formos, mais evidente e inescapável fica essa verdade fundamental a respeito da existência humana. Segundo essa filosofia, Estragon e Vladimir são homens de visão excepcionalmente clara.

Ao mesmo tempo, sua espera por Godot é um protesto contra a falta de sentido de sua existência, ou da existência mesma, e até uma expressão da esperança vaga, mas ilusória de que algum sentido transcendente pode ser-lhe dado por um ser superior. Embora seja sempre perigoso deduzir de uma obra as ideias de seu autor, *Esperando Godot* me parece a obra de um homem que consegue ver todas as vantagens e consolos da fé num Deus pessoal, e que de fato foi criado nessa fé, mas que não consegue concordar intelectualmente com ela. Beckett estabelece bem no começo da peça que está discutindo com uma perspectiva religiosa que não é mais a sua quando cita (ou melhor, quando Vladimir tenta e não consegue citar completamente, como uma vaga recordação) a Bíblia. Na segunda página da edição Faber, lemos:

> ESTRAGON: O que você está esperando, você sempre aguarda até o último instante.
> VLADIMIR [Meditabundo]: O último instante... [Ele medita.] A esperança, adiada, deixa doente o algo, quem disse isso?

Trata-se, é claro, de uma citação de Provérbios, não coincidentemente na versão com a qual ele cresceu, a versão King James (ou, como a teria conhecido, a versão Autorizada): "A esperança, adiada, deixa doente o coração; mas o desejo, quando chega, é árvore de vida". Outra vez, não é coincidência que as palavras mesmas que Vladimir esquece sejam "o coração", pois é um universo sem coração que Vladimir e Estragon habitam, e Beckett deixa isso claro de um jeito como apenas alguém familiarizado com a Bíblia perceberia, de um jeito como poucas pessoas perceberiam hoje. A religião era em muitos sentidos uma presença viva ou uma questão em sua mente, mesmo que ele a rejeitasse, assim como seria para poucos secularistas aos 42 anos (idade com que Beckett escreveu a peça) nos dias de hoje.

Claro que *Esperando Godot* é mais que uma meditação a respeito de um mundo sem Deus, ou um argumento estendido contra um universo teleológico. Se ela fosse apenas isso, é improvável que tivesse mantido seu lugar no repertório. Muito poucas peças dão à linguagem uma expressão que todos conhecem e entendem, ou acham que entendem, não importando se já viram ou leram a peça. Quando você espera Godot, você espera alguém, ou algo, que nunca vai chegar. Essa é uma situação humana universal, ou ao menos frequente, e creio que poucas pessoas em nossa sociedade poderiam dizer-se totalmente imunes a ela. É a consequência da propensão natural do homem a imaginar que em algum lugar, de alguma maneira, há um modo de existência sublunar perfeito, e que algum agente ou processo, aguardando agora mesmo nos bastidores, vai produzi-lo. Para os marxistas, trata-se da sociedade sem classes em que a política vai desaparecer, o governo será a mera administração de coisas e não o governo dos homens, e os indivíduos serão exatamente aquilo que querem ser: neurocirurgiões pela manhã, pilotos de corrida à tarde, tenores ou sopranos de ópera à noite.

> Na sociedade comunista, em que ninguém tem uma esfera exclusiva de atividade, mas cada qual pode realizar-se em qualquer ramo que escolha, a sociedade regula a produção geral, e assim possibilita que eu faça uma coisa hoje e outra amanhã, caçar de manhã, pescar à tarde, cuidar do gado à noite, criticar depois do jantar, como eu quiser, sem nunca me tornar caçador, pescador, pecuarista, ou crítico.[1]

Que qualquer pessoa que tenha passado da adolescência possa ter por um instante levado a sério essa besteirada, ou as pessoas capazes de produzi-la, é uma homenagem à credulidade humana. Em comparação com ela, as mais extravagantes noções religiosas são extremamente realistas.

Para quem aposta na loteria, Godot é a aposta premiada; e se a chance de alguém fazer a aposta certa não chega exatamente a zero, ela se aproxima de zero. Além disso, os indícios empíricos sugerem que o súbito acesso a grandes riquezas, em especial as que não foram conquistadas, não leva à felicidade aguardada: assim, não apenas as chances de ganhar são ínfimas, como a possibilidade de que o ganho vá resolver todos os problemas também é pequena.

Isso porque bem poucas pessoas têm alguma ideia real de uma vida melhor que aquela que elas estão levando. Quando eu perguntava a meus pacientes, que falavam de como queriam ser muito ricos, o que eles fariam com seu tempo e dinheiro para serem plenos e realizados, era claro que eles não tinham considerado o assunto e não conseguiam pensar em nada além de viver da maneira como viviam na época, mas num nível de consumo muito mais alto. O vazio daquilo era claro para eles.

---

[1] Marx e Engels, *A Ideologia Alemã*.

9. Esperando Godot

Onde a crença religiosa não oferece mais nenhum sentido do transcendente ou do propósito da vida, os homens têm de criá-lo por si mesmos, ao menos uma vez que a sobrevivência tenha sido garantida, como majoritariamente foi: afinal, sem o transcendente, o sofrimento (que só pode ser adiado, não totalmente evitado) não tem sentido e é portanto pior ainda. Vladimir e Estragon estão esperando que Godot preencha o vazio: ao fim da peça (e, na verdade, desde o começo) sabemos que ele nunca vai aparecer, que o vazio nunca será preenchido.

Se o transcendente não vem da crença em Deus, ele tem de ser deste mundo. Um propósito desses, popular no mundo moderno, é a obtenção de poder em qualquer escala que nos satisfaça – embora haja uma tendência intrínseca ao crescimento nas ganas pelo poder e a suficiência do poder seja uma miragem que recua à medida que você se aproxima.

A história de Pozzo e de Lucky (se é que ela pode ser chamada de história) ilustra a vaidade do poder de maneira simbolicamente comprimida. No primeiro ato, Pozzo dá ordens a Lucky de forma inteiramente arbitrária, e aliás cruel; seu poder parece ser exercido sem propósito nenhum além de seu exercício em si; ele não se explica a Lucky, chegando mesmo a mandá-lo pensar sem lhe dar nenhuma indicação daquilo em que deve pensar. Isso sugere que, sem ordens, a mente de Lucky é vazia, ele é um autômato.

Porém, no segundo ato, que só acontece um dia depois, Pozzo está cego e anda aos tropeços. De um dia para o outro (sem nenhuma explicação de como ou por quê, exceto a passagem do tempo), ele passou de prepotente a patético. Esse é o destino inevitável dos convencidos; contra o tempo e a decadência não há defesa, e o poder passa a parecer apenas ridículo. Mirai-me, ó, poderosos, e desesperai-vos![2]

A vaidade da ambição ou de qualquer outro objetivo humano poderia ter sido ilustrada de maneira muito similar. A imortalidade literária, por exemplo, não é apenas incerta, mas dura um tempo frivolamente breve em comparação com a idade do universo. Porém, a maioria das pessoas – com

---

[2] Referência ao famoso verso do poema "Ozymandias", de Shelley: "Look on me, o ye mighty, and despair!". (N. T.)

certeza não Vladimir e Estragon – nem sequer aspira a esses objetivos limitados supostamente transcendentes. Quando elas tentam se lembrar do que fizeram ontem, concluem que devem ter passado o dia falando besteiras, não por efetivamente lembrar-se de ter feito isso, mas porque (é o que dizem) isso é o que fizeram nos últimos cinquenta anos. Além disso, falam asneiras não por terem alguma deficiência, mas porque toda fala, assim como toda ação, é inútil: não há possibilidade de que seja diferente.

Assim, a falta de propósito permeia tudo: nada é importante porque nada poderia ser importante. "Nada acontece, ninguém vem, ninguém vai, é terrível."

Nas circunstâncias, toda atividade humana não passa de uma distração do vazio da existência. Quando Pozzo e Lucky saem no primeiro ato, Vladimir diz (após uma longa pausa que sugere o tempo vazio), "Isso passou o tempo", como se o tempo fosse algo a ser suportado. Estragon responde: "Ele teria passado de qualquer jeito". Em outras palavras, não podemos nem acelerá-lo nem retardá-lo, e não temos nenhum controle do meio inteiro em que vivemos nossas vidas. Qual de nós, por pensar, pode acrescentar um cúbito à própria estatura?

A aspiração humana é ridícula e está destinada a ser esmagada. Porém, mesmo a aspiração, em última análise, é impossível. Discutindo o que perguntariam a Godot caso ele, *per impossibile*, chegasse, Vladimir diz: "Ah... Nada muito definido".

> ESTRAGON: Uma espécie de prece.
> VLADIMIR: Precisamente.
> ESTRAGON: Uma vaga súplica.
> VLADIMIR: Exatamente.

Assim, eles nem sabem a que aspiram.

Embora Beckett tenha negado mais de uma vez que Godot fosse Deus, sua negação não merece credibilidade, ao menos para mim. O seguinte diálogo traz a "Segunda Vinda" à mente de maneira irresistível:

> ESTRAGON: Ele devia estar aqui.
> VLADIMIR: Ele não disse com certeza que viria.

9. *Esperando Godot*

ESTRAGON: E se ele não vier.

VLADIMIR: Voltamos amanhã.

ESTRAGON: E no dia depois de amanhã.

VLADIMIR: É possível.

ESTRAGON: E daí por diante.

A esperança e a expectativa são, ambas, ilusões.

O estranho, é claro, é que Beckett não vivia como se isso fosse verdade. Em sua juventude, era um ótimo atleta e até jogou (um pouco de) críquete de primeira classe, o que ele com toda certeza não poderia ter feito se não levasse o jogo a sério e treinasse muito para melhorar nele, o que sugere que o via como um objetivo que valia a pena. Na Segunda Guerra Mundial, durante a Ocupação, ele arriscou a vida na Resistência, o que sugere que, pessoalmente, ele não era nenhum niilista moral. Ele tinha muitas exigências quanto ao modo como suas peças deveriam ser produzidas e encenadas, o que sugere que não as julgava totalmente insignificantes. Por fim, sua disposição, caráter e personalidade não eram de maneira nenhuma aquilo que se imaginaria do autor de uma peça como aquela.

Será, então, que isso significa que sua peça se refere apenas à incapacidade da maioria das pessoas de encontrar sentido e propósito numa vida sem Deus, e que há certas pessoas – dramaturgos, por exemplo – que podem viver felizes sem Ele? Será a incapacidade de encontrar sentido e propósito uma incapacidade existencial ou sociológica? O texto diz uma coisa e a vida do autor, outra – como tantas vezes acontece.

10. Perguntas e respostas sobre *Esperando Godot*

Kenneth Francis e Theodore Dalrymple

KF: Você diz: "*Esperando Godot* me parece a obra de um homem que consegue ver todas as vantagens e consolos da fé num Deus pessoal, e que de fato foi criado nessa fé, mas que não consegue concordar intelectualmente com ela". Porém, há também grandes vantagens na autonomia moral do ateísmo, *se ele for verdadeiro*, assim como no consolo de que o Inferno não existe. Talvez a fé de Beckett fosse uma fé cega, ao contrário de uma fé baseada num profundo raciocínio intelectual. É difícil entender como a descrença em Deus é intelectual, quando, segundo o naturalismo, a probabilidade de ter faculdades cognitivas confiáveis para verdades metafísicas é extremamente baixa, isso se não for zero. Como reconheceu com razão Charles Darwin: "Alguém confiaria nas convicções da mente de um macaco, se é que há convicções nessa mente?"[1]. O cristianismo pregado na Irlanda do século XX (tanto católico quanto protestante) era e ainda é, sob muitos aspectos, anti-intelectual. E é provavelmente por isso que Beckett não parecia conhecer uma teologia sofisticada. Ele confere o livre-arbítrio a seus principais personagens em *Godot*, o que contradiz sua mensagem sem Deus. Também, certamente num mundo sem Deus, comunicar esses embates no palco seria algo sem sentido, e

---

[1] Darwin Correspondence Project, carta, Darwin, C. R. a Graham Williams, 3 jul. 1881.

portanto perda de tempo. Beckett tinha a fama de ser bondoso com as pessoas, e também generoso com seu dinheiro. Porém, sua visão lúgubre e desesperadora não oferece esperanças para a humanidade. Parece que Beckett quer em seu teatro o melhor de dois mundos, intrigando-se com certas ideias teológicas/filosóficas sem acreditar nelas. A maioria dos filósofos teístas contemporâneos também não acredita no deus-espantalho caricatural em que Beckett e até os Novos Ateus não acreditam. À luz disso, você não acha que as visões teológicas de Beckett carecem de sofisticação, apesar de ele paradoxalmente tocar, de modo impressionante, em elementos importantes de um mundo sem Deus?

TD: Concordo com você que Beckett parece querer o melhor de dois mundos ao proclamar de maneira significativa que nada tem significado. Em sua perspectiva, porém (ou talvez eu deva dizer: na perspectiva que parece propagada na peça) não é perda de tempo proclamar a falta de sentido de tudo porque, sendo tudo sem sentido, não existe uma devida utilidade para o tempo, e portanto não há possibilidade de desperdiçá-lo. A maneira como preenchemos nosso tempo é portanto uma questão moralmente indiferente; e se escolhemos passá-lo perplexos com peças como *Godot*, isso vale tanto – embora não seja melhor – quanto passá-lo engraxando os sapatos ou lendo Agatha Christie. Temos de nos lembrar (pessoalmente, sempre esqueço) de que estamos discutindo uma obra literária e não um tratado filosófico. Presumimos que Beckett mesmo teria concordado com qualquer filosofia que seja a filosofia que se possa tirar de *Godot* quando a peça é interpretada corretamente. Talvez ele estivesse apenas chamando a atenção para as dificuldades reais daqueles que não enxergam propósito imanente na existência e têm de escolhê-lo por si mesmos: admitamos que isso é útil para aqueles que acham que a satisfação do capricho do momento é o sumo bem. Não creio que se possa criticar a peça por não oferecer uma solução para essas dificuldades.

KF: Seu comentário sobre tempo e sentido é interessante. E, embora o tempo seja um tema significativo em *Godot*, eu gostaria de ter visto Beckett enfatizar também um dos problemas teológicos mais complexos que existem: a relação de Deus com o tempo e a eternidade. Certamente é algo mais complexo que a teodiceia, embora menos emocional. Ainda que os personagens na peça sofram muito, o trabalho sobre a teodiceia fez enormes progressos nos últimos 35 anos. Filósofos de renome mundial como Alvin Plantinga, Peter van Inwagen e Paul Copan, para citar apenas alguns, todos enfrentaram de maneira razoavelmente boa o problema do mal tanto moral quanto natural. E, embora *Godot* seja anterior a todos eles, um estudioso como Beckett não teria certamente lido Aquino ou Agostinho? Apesar de estarmos discutindo uma obra literária e não um tratado filosófico, é difícil evitar a questão numa peça filosófica tão profunda, imbuída de tempo e ser. Os principais personagens de *Godot*, assim como os cristãos mais rasos e os Novos Ateus, têm uma visão infantiloide de Deus. As discussões sobre as Escrituras de Vladimir e Estragon são banais; quase de criança. Você se pergunta se eles sequer creem em Deus. Eles também são seres terrenos finitos, e um dia "sua hora vai chegar". Deus, porém, é eterno, sem causa, começo, ou fim. Numa peça a respeito de dois protagonistas que tentam arranjar-se passando o tempo na terra, no inferno não há saída; não há Godot; não há camaradagem nem fim. Porém, para Beckett, não há inferno, pois a morte termina no túmulo, assim liberando Vladimir e Estragon do "fardo" de viver. Para o cristão, porém, a crença no Inferno é real. É o terror de todos os terrores: a separação de Deus por toda a eternidade.

11. *O Apanhador no Campo de Centeio*

Quando a desilusão, a alienação e a disfunção tornam-se virtudes

Kenneth Francis

Muitas vezes me perguntei se o romance americano *O Apanhador no Campo de Centeio* é um embuste literário, uma espécie de manifesto da propaganda esquerdista, fabricado para desacreditar os valores familiares tradicionais. E será coincidência que as gerações esquerdistas, depois da sua publicação na década de 1950, fossem em geral jovens americanos drogados, descontentes, que foram envenenados espiritualmente durante a revolução sexual por uma cultura sem Deus, a qual culminou décadas depois na glorificação de uma indústria de entretenimento tóxico com letras vis e modelos vulgares?

Porém, apesar disso, pelos padrões atuais de "literatura" o *Apanhador* parece bem inofensivo. Esse *bestseller* mundial, que é uma narrativa em primeira pessoa, que parece promover a alienação e o niilismo, além de ser desprovido de valores saudáveis, também é muito sem graça e superestimado. Porém, entre a "intelligentsia", é tabu criticar essa "bíblia da angústia adolescente"; é uma espécie de Nova Prosa do Imperador para as "classes falantes".

O enredo está centrado num garoto adolescente fingido, burro, vulgar, furioso com os adultos "fingidos" da família tradicional. Trata-se de um livro escrito em 1951 por um recluso chamado J. D. Salinger, que evitou toda a atenção da mídia e desapareceu da vida pública antes de morrer, mais de cinquenta anos depois de o livro ter sido publicado, junto com várias outras obras menos populares de sua autoria.

O anti-herói do livro, Holden Caulfield, de dezessete anos, parece não perceber que todos os adolescentes e adultos não são 100% perfeitos, e passam por algumas decepções e sofrimentos em sua vida neste mundo decaído. Boa parte dessas dificuldades vem deles mesmos, ao passo que algumas não. Porém, ele critica os adultos sem jamais refletir a respeito de seu próprio comportamento desagradável, apesar de ele mesmo querer tornar-se adulto.

O livro, porém, ganhou má fama por outras razões, estranhas. Quando o ex-Beatle John Lennon andava até seu prédio em Nova York no inverno de 1980, foi parado por um jovem fã do sexo masculino que lhe pediu um autógrafo. Pouco depois de Lennon dar-lhe o autógrafo, o homem deu cinco tiros fatais no ex-Beatle. Logo após o incidente, e antes de sua prisão, acredita-se que ele tenha se sentado na calçada ao lado do prédio – o Dakota Apartments – em Nova York e começado a ler um exemplar de O *Apanhador no Campo de Centeio*.

Muitos acreditam que esse fã, Mark Chapman, foi "inspirado" por Holden Caulfield, o personagem principal do livro, a assassinar Lennon (há também alguns outros incidentes com assassinos solitários que levavam o livro). Assim, quem é exatamente Holden, esse personagem? No livro, ele parece, para o leitor inteligente, uma espécie de anti-herói para jovens confusos e rebeldes.

O título do livro se refere a uma fantasia que ele tem, na qual observa e protege milhares de crianças que jogam algum jogo num grande campo de centeio. Enquanto elas brincam, ele fica o dia todo na margem do precipício do campo, garantindo que nenhuma delas caia (uma espécie de metáfora para salvar a inocência das crianças dos "males" de adultos fingidos). Será que Chapman, que outrora idolatrava Lennon, achava que o ex-Beatle no fundo era um fingido? Pouco antes de morrer, Lennon concedeu entrevistas em que dava a impressão de ter, em privado, várias opiniões conservadoras, apesar de sua persona pública esquerdista.

Porém, não foi apenas Chapman que supostamente foi "inspirado" pelo livro. Nos Estados Unidos, O *Apanhador no Campo de Centeio* rapidamente tornou-se a bíblia da angústia existencial e da alienação adolescentes; uma espécie de Sartre para homens-meninos que moram no porão dos pais. E, por décadas, vários professores marxistas de escolas públicas obrigaram os alunos a ler o livro. Pense só: uma história a respeito de um perdedor niilista que é reprovado no colégio interno e vai fazendo todas as besteiras que consegue no caminho para casa. Um rebelde sem cérebro, digamos. Mas isso você não ouve na mídia e na academia esquerdistas.

Elas enxergam Holden como alguém preocupado com a humanidade. Nunca vão dizer que ele é um cínico narcisista, vulgar, disfuncional, altamente emotivo, interiormente mau, que parece ver praticamente todo mundo com desprezo. Apesar disso, ele tem fantasias de salvar criancinhas que chegam perto demais da beira do precipício. Não é uma personificação do Estado Babá?

Em seu livro *God in the Dock* (*Essays on Theology*), C. S. Lewis disse: "De todas as tiranias, uma tirania exercida pelo bem de suas vítimas pode ser a mais opressiva. Pode ser melhor viver governado por milionários ladrões que por moralistas onipotentes. A crueldade dos milionários ladrões pode às vezes dormir, a cupidez deles pode em algum momento ser saciada; porém aqueles que nos atormentam para nosso próprio bem nos atormentarão indefinidamente, pois fazem isso com a aprovação de suas consciências".

E não há nada pior que um Estado com uma consciência hiperativa. Como um agricultor excessivamente cioso, que deseja o melhor para seu gado antes que ele seja morto no matadouro. Usando um chapéu de caçador de cervos, o qual ele descreve como um "chapéu de atirar em gente", Holden parece em paz no museu, possivelmente julgando os objetos em exposição, que não podem julgá-lo.

Não é estranho que Salinger, que escreveu esse livro frequentemente censurado, antifamília, blasfemo, rebelde, violento, promíscuo, pró-tabagismo/álcool/mentiras, tenha se tornado um recluso? Será que o precipício no campo de centeio era uma ameaça imaginária, em que "criancinhas" precisam ser protegidas por seu Grande Irmão? Uma geração de ovelhas que sofreram lavagem cerebral, mantidas na linha por um "bom" pastor? Ou será que a história é uma projeção psicológica autobiográfica da visão de mundo de Salinger? Será que ele era marxista? Talvez nunca saibamos.

Apesar de o capitalismo e a economia não serem um dos principais traços do livro, o marxista italiano Antonio Gramsci (1891-1937) disse que a transformação da cultura era de suma importância para a obtenção

11. *O Apanhador no Campo de Centeio*

do poder político. É por isso que países comunistas têm Ministérios da Cultura. E não há melhor jeito de transformar a cultura que com livros, mídia, música, TV, filmes e outros tipos de entretenimento.

Numa transmissão de rádio em junho de 1935, G. K. Chesterton disse: "O homem livre é dono de si mesmo. Ele pode prejudicar-se ou comendo ou bebendo; pode arruinar-se no jogo. Se faz isso, certamente é um grandíssíssimo idiota, e talvez seja uma alma danada; mas, se ele não pode fazer isso, é um homem tão livre quanto um cachorro".

Há algo de sociopata e de sinistro em O *Apanhador no Campo de Centeio*. Como é possível que esse livro seja abraçado por gerações de alunos que se sentem alienados? Hoje, os Estados Unidos têm dezenas de milhares de Holdens que se recusam a crescer.

O escritor Robin Marantz Henig disse: "Os jovens ocupam muito da nossa atenção hoje em dia. Estão sofrendo com dívidas estudantis em taxas maiores que nunca antes, e estão desempregados em taxas maiores que o resto da população, por isso todos estão muito preocupados. Você também ouve falar muito que eles moram no porão da casa dos pais, não fazem nada, nunca conseguem crescer".[1]

Durante a década de 1950, os Estados Unidos, ainda que imperfeitos, passaram por uma espécie de era de ouro tanto na educação quanto na vida social. O programa de TV mais popular (talvez para nos viciar no novo meio de propaganda) era "Father Knows Best" [no Brasil, "Papai Sabe Tudo"]. Imagine o escândalo se um programa assim fosse transmitido hoje (provavelmente o nome seria "O Estuprador Patriarcal Sabe o que É Pior"!)[2]. Sim, as coisas mudaram dramaticamente. Os Holdens de hoje e o resto de nós estamos todos perdidos em nossos pecados (Salmo 51,5) e em nossas fraquezas de algum jeito ou de outro, alienados em relação a Deus e carecendo de reconciliação.

---

[1] "Why Millenials Aren't Growing Up" [Por que os Millenials Não Estão Crescendo], Robin Marantz Henig em entrevista a Monica Williams, U.S. News (20 dez. 2012).

[2] Embora o programa tenha ficado no Brasil como "Papai Sabe Tudo", a tradução literal é algo como "Papai Sabe o que é Melhor". Entende-se assim o comentário do autor. (N. T.)

12. *A Morte do Rei*, de Ionesco

Theodore Dalrymple

Segundo as reminiscências (que, como todas as reminiscências, podem ser uma elaboração posterior que almeja dar algum tipo de ordem retrospectiva a uma vida), Eugène Ionesco era preocupado com a morte desde garoto. Ele era como que uma criança prodígio do medo da morte. Se a morte fosse o fim de tudo, qual sentido maior poderia ser atribuído à vida, e, se não havia esse sentido maior, como e por que deveríamos viver?

Se as reminiscências de Ionesco são ou não são a verdade literal a respeito de seu estado mental juvenil, a peça dele que considero a maior, *A Morte do Rei*, é um retrato e uma exploração extremamente poderosos da situação de um homem que não acredita em nenhum tipo de transcendência, nem de vida que continue após a morte.

A peça, uma longa cena única, se passa no palácio em desmoronamento (indistinguível de uma casa suburbana) do rei Bérenger I, cujo reino também desmoronou durante seu reinado, de modo que hoje ele cobre apenas um território bem pequeno, com muito poucos habitantes, e as únicas crianças que restam são cretinas, hidrocefálicas e outros tipos de deficientes mentais.

A peça, na minha opinião a obra-prima do dito Teatro do Absurdo, abre com uma discussão a respeito da maneira como se deve dizer a Bérenger que ele tem de morrer no fim da montagem, isto é, dali a uma hora e meia. A discussão acontece entre sua primeira rainha, Marguerite, sua segunda rainha, Marie (e elas se detestam) e o Médico Real, também Astrólogo e Carrasco Real, com interjeições de Juliette, Enfermeira e Faxineira Real, e do Guarda.

O rei não está preparado para a notícia de sua morte iminente. Ele mal consegue se mexer sem sentir dor, mas de início nega e depois minimiza a importância da dor. Quando Marie lhe diz que ele está mancando, ele responde: "Mancando? Não estou mancando. Estou mancando um pouco".

Marguerite, sua primeira rainha, diz-lhe: "Majestade, temos a obrigação de dizer que vais morrer". O Médico Real confirma: "Infelizmente, é verdade, Majestade". O rei responde: "Sim, claro, eu sei. Todos sabemos. Avisem-me quando chegar a hora..."

Sua *entourage* insiste e diz-lhe outra vez que ele vai morrer, sem especificar exatamente quando. Bérenger (por algum motivo, um nome ridículo para um rei) responde: "O quê? De novo? Vocês assim me dão tédio! Vou morrer, sim, vou morrer. Daqui a quarenta anos, cinquenta, trezentos. Depois. Quando eu quiser, quando tiver o tempo, quando eu decidir".

A peça, encenada pela primeira vez em 1962, captura perfeitamente a sensação do homem moderno de que tudo, inclusive a morte, deve estar sob seu controle, assim como sua recusa em aceitar limites existenciais que ele não impôs a si mesmo. E isso, é claro, faz com que ele tenha medo e ressentimento desses limites, que, em última análise, não estão sob seu controle.

Quando sua *entourage* lhe diz que ele vai morrer ao fim da peça, ele responde: "Quem deu essas ordens sem meu consentimento? Estou me sentindo ótimo. Mas que audácia! Mentiras. (Para Marguerite.) Você sempre quis me ver morto. (Para Marie.) Ela sempre quis me ver morto. (Para Marguerite.) Vou morrer quando eu quiser, sou eu o rei, sou eu que decido".

Essa breve passagem captura com grande precisão a estranha situação do homem moderno – situação que, aliás, era partilhada por Ionesco mesmo, e talvez seja por isso que ele consegue captá-la de maneira tão precisa e sucinta.

O homem moderno gosta de acreditar-se racional num grau sem precedentes na história; porém o homem ainda é o homem, e o rei mostra-se quase idêntico aos azande, a tribo sudanesa da descrição do antropólogo social E. E. Evans-Pritchard, a qual acredita que as pessoas só morrem por causa da mágica malévola feita por seus inimigos. E em seguida ele reitera que a morte está sob seu controle.

O *status* de rei de Bérenger é puramente simbólico: na verdade, ele é Todomundo, e Todomundo mais que ninguém. Porém, vivemos numa era em que todo homem se considera rei, com soberania absoluta sobre si mesmo. Cabe portanto a cada um decidir não apenas quando, mas até mesmo se vai morrer, com o resultado de que a doença e a morte são vistas não como fatalidades, no sentido de serem em algum momento uma consequência inevitável de ter vivido, mas como injustiças, como infrações de direitos. Esse sentimento é transferido para os entes queridos, cuja morte também não é aceita: se alguém morre, outro alguém deve não ter feito o que devia ter sido feito.

Bérenger primeiro reclama que ninguém lhe disse que estava perto de morrer, e, depois, que não está pronto, no sentido de estar preparado, para morrer. Isso, é claro, sugere que a *ars moriendi*, a arte de morrer, foi perdida, precisamente porque tratamos a morte como se fosse um extra opcional, como janelas com vidro fumê num carro. Bérenger quer mais tempo para preparar-se para a morte, como se aquilo que ele quer pudesse interferir na questão. Marguerite diz: "Aos 50, você queria esperar chegar aos 60 [para preparar-se]. Você já fez 60, 90, 125, 400 anos. Você não adiou sua preparação por dez anos, mas por cinquenta. E agora é de século em século".

A isso o rei responde: "Eu realmente queria começar. Ah! Se eu tivesse pelo menos um século diante de mim, talvez tivesse tempo!" O Médico Real intervém: "Tendes apenas pouco mais de uma hora. Tudo deve ser feito em uma hora". Marie, a segunda rainha, que não é exatamente terna em relação a ele, mas sentimental, diz: "Ele não terá tempo, não é possível. Ele precisa de mais tempo". Marguerite, que tem a dureza dos descartados, diz: "É exatamente isso que é impossível. Mas uma hora é mais que suficiente".

A questão não é só de tempo, mas de perspectiva filosófica, como sugerido pelo que diz o Médico Real: "Uma hora bem gasta é melhor que séculos e séculos de negligência e de esquecimento. Cinco minutos bastam, dez segundos de consciência real. Demos-lhe uma hora: 60 minutos, 3.600 segundos. Ele tem sorte".

Marguerite, desdenhosa do medo do ex-marido diante da morte, diz: "Ele acha que é a primeira pessoa a morrer", ao que Marie responde: "Todo mundo é o primeiro a morrer". Isso traz à tona perfeitamente a diferença inapagável entre o conhecimento por teoria e observação e o conhecimento por experiência pessoal. Nenhum dos dois é falso, nenhum dos dois é toda a verdade.

12. *A Morte do Rei*, de Ionesco

Marie tenta consolar Bérenger com o velho argumento estoico a respeito da morte: "Enquanto a morte ainda não é, você existe. Quando ela for, você não será, assim você não a encontrará, não a verá". Marguerite, sempre vingativa, diz veementemente: "As mentiras a respeito da vida, os velhos sofismas! Já conhecemos todos eles. A morte sempre esteve aí, presente desde o primeiro dia, desde a concepção. Ela é o broto que cresce, a flor que desabrocha, o único fruto". No meio da vida, estamos na morte.

Esforços supostamente consolatórios para fazer Bérenger se lembrar de como era não ter existido, porque assim é que será quando ele estiver morto, não o ajudam: ele vem com o *cogito* cartesiano. A não existência não é uma espécie de experiência altamente atenuada, é a não experiência, e não se pode ter a experiência da não experiência. A tentativa de fazê-lo pensar que a não existência é uma terra natal, portanto, não o consola.

O Rei pergunta à Enfermeira Real e Faxineira como ela vive (agora que ele está morrendo, essa é a primeira vez que ele pensa em perguntar, e Marguerite diz que isso na verdade não lhe interessa, e o Médico Real acrescenta que ele está tentando ganhar tempo). "Vivo mal", responde a Faxineira Real, ao que o Rei diz: "Não se pode viver mal, é uma contradição". Diante da morte, mas apenas diante da morte que significa a extinção, a vida é valorizada como um bem em si mesmo, independentemente de seu conteúdo. A Faxineira Real enumera todos os aspectos segundo os quais ela é obrigada a viver mal, mas todos esses aspectos parecem puras delícias para alguém como o Rei, que está prestes a morrer.

Quando ele diz que não há nada que o conforte, sua *entourage* o aconselha a aprender a ser sereno, indiferente e resignado, e a invocar lembranças, isto é, "lembranças de lembranças de lembranças" (fala que questiona a relação entre memória e realidade) para ajudar a aliviá-lo. O guarda do palácio em seguida pede ajuda: "Ó, Grande Nada, ajudai o Rei".

Esse é o absurdo definitivo, claro: rezar para que o nada ajude, como se o nada não apenas fosse algo, mas o tipo de algo que pudesse apiedar-se de um homem e acudi-lo.

Ao fim da peça, segundo a instrução expressa de Ionesco, nada resta de visível no palco além de uma luminescência acinzentada.

13. *A Lição*, de Ionesco

"O homem nasce na confusão, e as faíscas saem voando"

Kenneth Francis

Ao longo de minha carreira de professor em tempo parcial, tive a sorte de trabalhar para excelentes instituições de ensino. Porém, não se pode dizer o mesmo do número crescente de "maçãs podres" no ensino superior ocidental. O teólogo Peter Mullen, escrevendo na *Salisbury Review* em 2017, disse: "Dê-me cinquenta anos de *comprehensive education*[1] e eu lhe mostrarei um país de idiotas". Segundo Mullen, o próprio Departamento de Educação (do Reino Unido) admite que, depois de onze anos de educação estatal compulsória, 43% dos alunos saem da escola sem conseguir ler, escrever e contar de modo eficiente. "Pior ainda, duas gerações de professores – que inventam expressões como I *was sat* e I *was stood*[2] – passaram por esse sistema, então o resultado é mais burro..."

Porém, nem todas as escolas ou universidades são ruins. Mas desde o começo do uso disseminado das mídias sociais e da ascensão do politicamente correto, muitas instituições de ensino parecem ter baixado os padrões. A Geração Selfie, particularmente os universitários *millennials*,

---

[1] O termo, que a rigor não tem tradução, seria traduzido literalmente por "educação abrangente", e indica, na Inglaterra e no País de Gales, o tipo de escola que não usa nenhum critério para selecionar seus alunos. (N.T.)

[2] As duas expressões parecem beirar o agramatical em inglês. Por isso, sua tradução é arriscada. Talvez algo como "eu fui sentei" e "eu fui de pé". (N.T.)

vivem numa era de lacração, "microagressões", "espaços seguros" e tuítes vazios e troladores. Muitos estudantes de humanidades, especialmente nos Estados Unidos, hoje clamam pela proibição da liberdade de expressão, fechando prédios universitários e fazendo tumultos nas ruas, atacando fisicamente qualquer pessoa que defenda a liberdade de expressão.

Tirando as boas universidades, é isso o que acontece quando locais de ensino tornam-se fábricas de doutrinação de fascistas da sensibilidade, incentivando-os a opor-se à liberdade de expressão, à verdade e ao conceito de realidade. Que Deus ajude qualquer aluno dessas instituições que seja racional, imparcial, moral e que busque a verdade; ou, pior, um cristão branco do sexo masculino que queira namorar uma moça que vá ser sua futura esposa e mãe dos seus filhos.

Nesse gulag soviético de Teatro do Absurdo, a política identitária, a vitimização e o politicamente correto governam com um *taser* metafórico dentro de uma luva de veludo, e quaisquer dissidentes de proposições falsas ridículas correm o risco de ser ridicularizados, ostracizados ou tratados com desprezo.

Na *Taki's Magazine* de maio de 2017, Theodore Dalrymple acerta em cheio ao apontar a sutil transformação do Ocidente numa sovietização sem revolução ou sem um único tiro: "Afinal, forçar as pessoas a concordar com proposições que são escandalosamente falsas, ao custo de perder seus meios de sustento ou algo pior, era esmagá-las moral e psicologicamente, e assim torná-las dóceis, fáceis de manipular e cúmplices de sua própria servidão".

Essa servidão remonta ao pé da Cruz no Calvário. Ao rejeitar Cristo, rejeitamos o *logos*: a Lógica, a Razão e a Verdade. Toda a ordem moral objetiva se baseia nisso. Porém, no ensino superior do século XXI, o pós-modernismo é evidente, até mesmo em alguns dramas populares.

Uma peça absurda intitulada *A Lição*, que estreou em Paris em 1951, tem paralelos com algo da educação superior contemporânea. Ela foi escrita por Eugène Ionesco (1909-1994), que era de origem romena, mas que escreveu sobretudo em francês. O sucesso dessa peça em um ato é evidente ainda hoje em Paris, onde ela ainda pode ser assistida regularmente em teatros da *rive gauche* devido à sua grande contribuição para o gênero de vanguarda do Teatro do Absurdo.

Como a maioria dos dramaturgos do Absurdo, Ionesco relutava em teorizar a respeito de sua obra. Porém, *A Lição* certamente é uma peça que merece que a teorizemos no contexto do declínio atual na educação e da ideologia educacional absurda. A cena é simples: um escritório e uma sala de jantar de um confortável apartamento onde um professor de cinquenta e poucos anos trabalha. Sua empregada é uma mulher de meia-idade, e a eles se junta uma Aluna de 18 anos que chega para uma lição.

Embora o professor não seja intencionalmente do tipo marxista, de rabo de cavalo, ele mesmo assim tem muito em comum ideologicamente com os esquerdistas totalitários e maoístas da gagademia ocidental contemporânea. Ao longo da lição absurda, o Professor vai ficando preocupado com a Aluna, com aquilo que, na visão dele, são as respostas ignorantes dela a suas perguntas esquisitas e infantis.

Ela vai gradualmente ficando nervosa, vai se submetendo, e é psicologicamente quebrada pelo tom posteriormente agressivo do Professor. Ele acaba esfaqueando e matando a Aluna perto do fim da peça, após o que a Empregada recebe uma nova aluna, potencialmente repetindo, dessa maneira, o ciclo maluco.

Para explorar mais isso, voltemos ao Mundo Bizarro da Gagademia Ocidental. Aqui, nas primeiras décadas do século XXI, a tragédia, a aridez, e a farsa assombram os corredores seculares de muitos departamentos de humanidades – não de todos – do ensino superior. Os professores sumo-sacerdotes obcecados com a *tenure*[3] têm muito em comum com o Professor quando se trata de absurdo.

Esses acadêmicos podem não ser assassinos, mas suas lições pós-modernas de doutrinação certamente assustariam o Professor maluco de *A Lição*. Escrevendo no *Brussels Journal* em 2015, o professor inglês Thomas F. Bretonneay disse:

> A educação moderna, incluindo o ensino superior moderno, não apenas nega a existência da verdade ao mesmo tempo que obscure-

---

[3] *Tenure* seria o equivalente da estabilidade, mas oferecida por estabelecimentos privados.

ce a diferença entre ignorância e conhecimento; ela também rejeita o passado como algo indigno de estudo, exceto de maneiras limitadas e prescritivas, como objeto de ridicularização ou de execração. Os departamentos de Letras das universidades americanas hoje se concentram quase integralmente em materiais contemporâneos, não históricos – você pode obter um bacharelado em literatura inglesa em várias universidades sem ter lido Chaucer, Shakespeare, George Eliot ou Henry James, todos os quais tornaram-se opcionais, isso quando não desapareceram por completo do currículo.

Além disso, muitos *campi* de humanidades dedicam-se notoriamente ao feminismo radical, ao racismo (muitas vezes usado como palavra-chave para antibranco) e a questões de gênero. O escritor Jim Goad diz que hoje em dia o ensino americano consiste não em encher mentes com ideias novas, mas limpá-las de todas as ideias inaceitáveis, não importando quão lógicas, naturais e instintivas essas ideias possam ser. "Da pré-escola até a pós-graduação, a academia americana não é mais um mundo de educação, mas de doutrinação", escreveu ele na *Taki's Magazine* em 2016.

E não vai demorar até que algumas lições das exatas também sejam corrompidas pelo linguajar pós-moderno dos progressistas. Afinal, é a burguesia cristã branca "malvada" que sustenta a lógica e a razão. Assim como a lição disfuncional ensinada pelo Professor à Aluna, o equivalente contemporâneo parece romper a Ordem Divina em prol da decadência, e, no lugar daquela, ensinar obscenidades. Aqui, o darwinismo e o marxismo (vou excluir o nietzscheanismo por sua honestidade brutal e por suas perspectivas anti-igualitárias) são a ordem do dia para degradar a alma, e não para elevá-la e fortalecê-la.

A vulgaridade e a burrice são louvadas, ao passo que a decência e o comportamento sofisticado são ridicularizados e escarnecidos. Mas voltemos à *Lição*: a Aluna não percebe nada, mas tem altas aspirações de realizações acadêmicas e de sucesso para além de seu intelecto infantil (isso soa familiar?). E o Professor é dominador, um valentão que virou assassino, semelhante aos muitos assassinos perturbados da alta cultura nos *campi* de hoje. Muitos críticos interpretaram *A Lição* como uma resposta à atividade nazista na França durante a Segunda Guerra Mundial. Se o jovem Ionesco testemunhou essas atividades na juventude, quando vivia na França, é possível que tenha usado os aspectos intimidadores como temas para sua literatura subsequente. Voltando à peça:

> ALUNA: "[...] Eu tenho sorte, meus pais não estão em má situação. Eles vão conseguir me ajudar no meu trabalho, e assim eu vou poder estudar nos níveis mais altos."
> PROFESSOR: "[...] Você já é muito sabida. E também muito jovem..."

A Aluna é tudo menos inteligente, mas este é o mundo do Teatro do Absurdo, então não importa se ele está certo ou errado, nem se ela é inteligente ou burra. Em algumas instituições contemporâneas é igual: a verdade morre mil mortes, e o que parece certo é a única coisa que importa.

> PROFESSOR: "Quanto dá um mais um?"
> ALUNA: "Um mais um dá dois."
> PROFESSOR: [impressionado com a erudição da aluna]: "Muito bem, muito bem! Você está muito avançada nos estudos. Vai passar todos os exames do doutorado com facilidade."

Quem teria imaginado, na década de 1950, que uma peça do Teatro do Absurdo teria paralelos com a realidade dali a sessenta anos? Um mundo em que a proficiência na aritmética diminui. Muitos fatores poderiam ser culpados, das calculadoras ao fato de a decoreba substituir métodos baseados na descoberta, os quais promovem múltiplas estratégias e estimativas, para nem falar da ação afirmativa. Passando da aritmética para a filologia, o Professor começa a dar sinais de esquizofrenia na medida em que sua interação branda com a Aluna fica agressiva.

> PROFESSOR: "[...] Como, por exemplo, você diria, em inglês, as rosas da minha avó são amarelas como as da minha avó que nasceu na Ásia?"
> ALUNA [que tem dor de dente]: "Dor de dente! Dor de dente! Dor de dente!"
> PROFESSOR: "Ora, ora, isso não vai impedir você de dizer."
> ALUNA: "Em inglês?"
> PROFESSOR: "Em inglês."

Inglês, para os *millenials*, especialmente estudantes, não é motivo de "LOL" ou de "GR8"[4]. Até a gramática e a língua correta estão em declínio, com muitas palavras tornando-se bastardas. Porém, por que escrever em inglês correto faria diferença quando aulas sobre política identitária e gênero parecem ser a única coisa que faz a diferença?

Mike Adams, professor de criminologia, não é alheio à loucura que passa por educação superior nos corredores da academia americana. Adams, que é cristão e professor na Universidade da Carolina do Norte em Wilmington, é também o autor de *Letters to a Young Progressive: How to Stop Wasting Your Life Protesting Things You Don't Understand* [*Cartas a um Jovem Progressista: Como Parar de Desperdiçar sua Vida Protestando contra Coisas que Você não Entende*]. Certa vez, ele disse que o ensino superior em seu país era um Teatro do Absurdo. E foi chamado, por alguns de seus colegas, de "a maior vergonha do ensino superior nos Estados Unidos".[5]

Se você acha que a *Lição de Ionesco* é absurda, então considere os fatos com que Adams respondeu ao ser chamado de vergonha: primeiro, no começo do semestre da primavera de 2013, uma professora de estudos femininos e uma professora de psicologia copatrocinaram um painel sobre sadomasoquismo. Na Universidade Duke, feministas contrataram um "trabalhador do sexo" para falar num evento denominado Show de Arte dos Trabalhadores do Sexo. Depois de sua fala, o prostituto baixou as calças, ficou de joelhos e inseriu um lança-faíscas aceso no reto. Enquanto ele queimava, ele cantou uma estrofe do hino americano. Isso traz um novo sentido a Jó 5,7: "O homem nasce na confusão, e as faíscas saem voando".

Porém, não é só a Universidade da Carolina do Norte que tem essas preciosidades culturais. A Universidade Harvard realizou sua oficina de sexo anal para ensinar os alunos a "enfiar coisas na bunda". Cerca de 50 alunos compareceram, segundo o jornal estudantil *The College Fix*, para aprender a estimular os nervos do reto, a usar contas anais e a evitar infecções, segundo o *Daily Mail*, em 2017. Foi a segunda vez que a

---

[4] Equivalentes em inglês a ""HAHAHA" e "BLZ", na comunicação por internet. (N. T.)

[5] Mike Adams, *ClashDaily*, 28 ago. 2013.

universidade realizou uma conversa sobre sexo anal, em vez de habilidades práticas para a vida no ensino; a primeira fora em 2014. Houve mais incidentes, mas é óbvio que a *Lição* de Ionesco não pode se comparar com as loucuras universitárias acima quando se trata de absurdo. Porém, essa loucura não é um fenômeno novo. Em 1948, W. H. Auden, escrevendo em julho daquele ano em *The New Yorker*, disse: "Enquanto os empregadores exigirem diploma para empregos nos quais o diploma é irrelevante, as universidades ficarão repletas de alunos que não têm nenhum amor desinteressado pelo conhecimento, e os professores, cientes da necessidade econômica dos alunos de passar nas provas, vão baixar os padrões para que eles passem".

Num livro muito crítico do sistema educacional americano, os autores Samuel Blumenfeld e Alex Newman escreveram: "Quantos pais [...] mandam os filhos para a escola para que planejadores centrais possam transformá-los em engrenagens funcionalmente analfabetas de uma máquina planejada centralmente, tendo só o conhecimento necessário para realizar a tarefa predeterminada? Como essas engrenagens conseguirão pensar de maneira crítica, ou sequer sustentar a liberdade e o experimento americano? A resposta curta é que não vão – e é esse o objetivo."[6]

Quando Ionesco disse que, sem Deus, todas as ações perdem o sentido e tornam-se absurdas e inúteis, ele tinha razão.[7] É fácil ver como o absurdo se esgueirou para alguns setores da academia, com a influência anticristã de ateus radicais como a Escola de Frankfurt. Assim como na maior parte do drama do Absurdo, os personagens de *A Lição* parecem apenas estar agindo mecanicamente, sem nenhuma referência ao Criador Divino do homem.

Observe muitos jovens alunos de hoje e veja a semelhança. Eles ostentam o papel de vítima como medalhas de honra, e parecem zumbis

---

[6] Samuel Blumenfeld e Alex Newman, *Crimes of the Educators: How Utopians Are Using Government Schools to Destroy America's Children* [*Crimes dos Educadores: como os Utópicos Estão Usando as Escolas do Governo para Destruir as Crianças da América*], WND Books, 2015.

[7] Eugène Ionesco, *"Dans les Armes de la Ville"* [*"Nas Armas da Cidade"*]. *Cahiers de la Compagnie Madeleine Renaud-Jean-Louis Barrault*, Paris, n. 20, out. 1957.

disfuncionais, alienados uns dos outros. Alguns agem como bichos porque lhes dizem que somos todos bichos, e assim Darwin é seu deus.

O drama do Teatro do Absurdo poderia agora transformar-se em teatro convencional num mundo em que o amargo é doce, o escuro é claro e o mau é bom. Um mundo em que Deus é negado ou tratado com blasfêmias; um lugar em que aqueles que estão presos em seu servilismo mental ao narcisismo e à crença de que tem direitos rejeitam tudo que é absoluto, virtuoso, verdadeiro, belo e transcendente. Assim como o mundo de *A Lição*, o homem e a mulher modernos sem Deus estão também presos num mundo de irrealidade ilusória sem fundamentos.

Muitos alunos talvez não sejam fisicamente assassinados pelos ensinamentos de seus professores, mas a faca metafórica "ainda entra", matando o espírito de Verdade e de Realidade. E a faca definitiva para fazer da linguagem uma arma passa pelo novo progressismo politicamente correto. Porém, nem sempre foi assim.

Nas palavras de Camille Paglia, acadêmica americana e crítica social:

> Nas décadas de 1950 e de 1960, o progressismo exaltava as liberdades civis, o individualismo e o pensamento e o discurso dissidentes. 'Questione a autoridade' era a rubrica da nossa geração quando eu estava na faculdade.
>
> Já o progressismo de hoje tornou-se grotescamente mecanicista e autoritário. Ele só se interessa em reduzir os indivíduos a uma identidade grupal, por definir aquele grupo em termos vitimários permanentes e por negar aos outros seu direito democrático de questionar aquele grupo e sua ideologia. A correção política representa a institucionalização fossilizada de ideias revolucionárias outrora democráticas, as quais se tornaram meras fórmulas.

Paglia diz que isso é repressivamente stalinista, dependente de uma "burocracia labiríntica, parasítica, que aplica suas ordens vazias".[8]

---

[8] Camille Paglia, "On Trump, Democrats, Transgenderism, and Islamist Terror" [Sobre Trump, Democratas, Transgenerismo e Terror Islâmico], *The Weekly Standard*, 15 jun. 2017.

Em 1984[9], de George Orwell, o protagonista Winston é amarrado a uma cama e torturado por O'Brien, membro do Partido, que ergue quatro dedos e pergunta: "Quantos dedos estou mostrando?". Quando Winston responde "quatro", O'Brien diz: "Não, estou mostrando cinco"; em seguida, ele lhe dá um choque elétrico.

O'Brien continua isso até que o ateu Winston enfim responde: "Cinco".

Assim como no caso da Aluna de Ionesco, a composição psicológica de Winston e de outros escravos do Estado sem Deus tornaram-se passivos e desorientados nas fábricas de "ensino" do Ocidente secular. Com uma aluna assassinada espiritualmente pela doutrinação ateia, outra aluna bate na porta da academia, preparando-se para a lição. No Teatro do Absurdo, a lição de *A Lição* está nas palavras do Professor depois que ele assassina a Aluna: "[...] No que vai dar tudo isso, afinal? Ora, ora! Que coisa terrível..."

---

[9] George Orwell, *Nineteen Eighty-four*, Secker & Warburg (1949). [Refiro o leitor à minha própria tradução do livro. George Orwell. Trad. Pedro Sette-Câmara. 1984. Campinas: Sétimo Selo, 2021.]

14. "Aubade", de Philip Larkin

Theodore Dalrymple

Já percebi que os pessimistas são melhor companhia que os otimistas. Aliás, será que existe piada otimista? Praticamente não há nada mais chato neste mundo que ouvir um otimista descrevendo o futuro glorioso e feliz que está prestes a nos envolver a todos.

Os pessimistas veem o lado ruim de tudo e normalmente – não, *sempre* – estão certos. O homem, disse o autor russo V. G. Korolenko, foi feito para a felicidade: o que é como dizer que as minhocas foram feitas para voar.

Os pessimistas existem em formatos, tamanhos e graus distintos, claro; e se é quase impossível imaginar o humor sem pessimismo, ao menos o humor de alguma sutileza, não se segue que todos os pessimistas sejam engraçados. Mesmo assim, adaptando muito ligeiramente os grandes versos de Keats:

> Ah, no templo mesmo da melancolia
> O humor, oculto, tem seu santuário.[1]

Philip Larkin era um homem do pessimismo mais sombrio que tinha um senso de humor ácido e um grande dom poético (muito mais raro). Pode-se discutir se um homem escolhe uma filosofia ou uma filosofia

---

[1] Os versos de Keats são "Ay, in the very temple of Delight, / Veil'd Melancholy has her sovran shrine". (N. T.)

escolhe um homem, assim como se pode discutir se o pessimismo de Larkin era o resultado ou a causa de suas experiências.

Digamos, para evitar sermos categóricos demais, que a relação era dialética. Ele mesmo disse bem:

> Reciprocidade estranha:
> A circunstância que causamos
> Com o tempo faz com que surjamos,
> Torna-se nossa lembrança.[2]

Talvez devamos acrescentar, para dar informações mais completas, que ele, tendo nascido em 1922, certamente cresceu numa época propícia ao pessimismo.

Como se sabe, ele era totalmente desprovido de crenças religiosas. Para ele, a morte era final, e a vida não tinha nenhum propósito ou sentido transcendente: era um breve intervalo de consciência entre duas eternidades de não ser. Ele e nós nunca poderemos saber se ele tinha razão porque, caso ele estivesse certo, não existiria sujeito cognoscente.

Era com base nisso que os estoicos negavam que se devesse temer a morte, ao menos não como estado (claro que o processo de morrer, no mais das vezes muito desagradável, é motivo de temor, mas isso porque o sujeito do processo ainda está vivo para padecê-lo). Os estoicos podem ter acertado na lógica – presumindo, é claro, que realmente não exista vida após a morte –, mas por algum motivo a lógica não traz conforto nenhum nem mesmo àqueles que concordam com ela. O raciocínio tem algo de palavras ao vento, que a argumentação por si não consegue afastar: afinal, o coração tem razões que a própria razão desconhece. E a perspectiva do futuro não ser, agora que fomos, por assim dizer, não consegue nos afetar da mesma maneira, ou com a mesma indiferença, quanto o não ser passado. Pelo menos, estou falando da maior parte das pessoas na maior parte do tempo.

Philip Larkin não era um desses homens que conseguiria tranquilizar-se com pensamentos racionais a respeito da perspectiva de não ser.

---

[2] No original: *"Strange reciprocity: / The circumstance we cause / In time gives rise to us, / Becomes our memory."* (N. T.)

Ele também se enfurecia, se enfurecia contra a morte da luz. Seu poema "Aubade" (uma aubade é uma canção ou peça musical a ser cantada na aurora) é um *cri de coeur* contra sua própria dissolução próxima. De fato, ele não viveu muito: ao escrever esse poema, ele só tinha sete anos a viver, e morreu com 63 anos. Em comparação com a eternidade, alguns anos a mais podem parecer insignificantes, mas, em comparação com o período concedido a uma vida humana, são muita coisa. A morte sempre estava, poder-se-ia dizer enormemente, na mente de Larkin.

Os versos de abertura preparam o cenário e dão o tom:

> Trabalho o dia inteiro, e à noite fico meio bêbado.
> Acordando às quatro na treva muda, eu miro.[3]

O psiquiatra de hoje pensa: ahá, acordando cedinho, hora de tomar o antidepressivo. Mas será que ele bebe porque está deprimido, ou está deprimido porque bebe? (O álcool dá sono, mas interfere com a qualidade do sono, como sei bem até demais.)

Porém, o problema é – se é posso me permitir uma palavra tão pretensiosa – existencial:

> Com o tempo as bordas das cortinas ficam leves.
> Até lá, vejo o que de fato sempre está presente:
> A morte sem descanso, já todo um dia mais perto [...][4]

Vinte e três anos antes, ele tinha protestado não contra a morte, mas contra o trabalho:

> Por que eu deixaria o trabalho-sapo
> Se agachar na minha vida?
> O trabalho domina sua existência:
> Seis dias da semana ele estraga

---

[3] No original: "*I work all day, and get half-drunk at night. / Waking at four to soundless dark, I stare*". (N. T.)

[4] No original: "*In time the curtain-edges will grow light. / Till then I see what's really always there: / Unresting death, a whole day nearer now...*" (N. T.)

14. "Aubade", de Philip Larkin

Com seu veneno repugnante –
Só para pagar algumas contas!
É desproporcional.[5]

Oito anos depois, ele muda de atitude em relação ao trabalho. Não porque efetivamente goste do trabalho, ache que o trabalho o eleva, ou o ache digno em si mesmo, mas porque ele é melhor que a alternativa, que é vagar sem objetivo, pateticamente, no parque, por causa de algum tipo de incapacidade:

Todos evitando o trabalho-sapo
Por burrice ou por fraqueza.
Imagine ser um deles!
Ouvindo as horas passando...[6]

Se você trabalha, pelo menos não é um deles. O trabalho não existe mais para pagar as contas, mas para você passar o tempo sem se tornar um deles. Essa é uma visão bem lúgubre das possibilidades da existência humana, e não há como deixar de perguntar o que é melhor: ter sido desiludido, ou nunca ter tido a ilusão? (Mesmo com a minha idade, seis anos mais velho que Larkin ao morrer, vejo importância em qualquer trabalho que eu esteja fazendo, embora eu saiba perfeitamente que ele não fará diferença nenhuma para ninguém, ao menos não por mais que alguns segundos.) O trabalho é uma muleta que ajuda Larkin a atravessar a vida. Em vez do ócio, diz ele,

[...] traga meus documentos,
Minha secretária de cabelo armado,
Meu "peço para aguardar, senhor?":
O que mais posso responder,
Quando as luzes se acendem às quatro

---

[5] No original: *"Why should I let the toad work / Squat on my life / Six days of the week it soils / With its sickening poison – / Just for paying a few bills! / That's out of proportion"*. (N. T.)

[6] No original: *"All dodging the toad work / By being stupid or weak. / Think of being them! / Hearing the hours chime...* (N. T.)

Ao fim de mais um ano?

Dê-me o braço, sapo velho;

Me ajude a descer a Rua do Cemitério.[7]

Isso foi escrito 23 anos antes de Larkin morrer, intervalo que, consigo lembrar de ter pensado, e não muito tempo atrás, que era muito longo, mas que agora me parece um mero piscar de olhos. Quando eu tinha a idade de Larkin no momento em que ele escreveu sobre estar descendo a Rua do Cemitério, com certeza eu não tinha tanto em mente a morte quanto ele, nem estava tão preocupado com ela; na verdade, eu ainda cortejava o perigo como se ela não pudesse valer para mim, como se eu fosse indestrutível e efetivamente imortal. Em retrospecto, penso que eu era frívolo; e no entanto, se todos tivessem uma consciência larkiniana da proximidade da morte, tema que, em certos estados de espírito, considero o único digno de meditação, na medida em que é a morte que dá sentido ou ao menos impulso à vida, ninguém nunca faria nada. Sem a ilusão de que algo importa, e importa além do alcance da nossa própria vida, estaríamos condenados a... Bem, a que, exatamente? A vida tem seus imperativos que filosofia nenhuma pode anular. E de fato o próprio Larkin trabalhou com zelo e com sucesso por muitos anos como bibliotecário da Universidade Hull. Ele não achava o trabalho sem sentido porque logo morreria, assim como morreriam todos aqueles a quem ele servia direta ou indiretamente.

Isso, é claro, não faz dele um hipócrita ou um impostor (entre ser hipócrita ou impostor, ser impostor é muito pior). Aquela sensação de "então qual o sentido disso tudo?" certamente atinge a maioria de nós em algum momento. Que não consigamos manter essa sensação, que tenhamos de voltar logo para nossas ocupações normais, não significa que ela tenha sido fajuta ou forçada. E, em alguns temperamentos, essa sensação deve aparecer com maior frequência do que em outros. Um homem que nunca tenha se perguntado qual o sentido disso tudo, que tenha passado pela vida apenas como inspetor de seguros (e, aliás, esse trabalho é muito

---

[7] No original: *"... give me my in-tray, / My loaf-haired secretary, / My shall-I-keep-the-call-in-Sir: / What else can I answer, // When the lights come on at four / At the end of another year? / Give me your arm, old toad; / Help me down Cemetery Road.* (N. T.)

14. "Aubade", de Philip Larkin

interessante, se envolve tratar pessoalmente com os reclamantes), sem jamais se perguntar qual o sentido disso tudo, é sob certo aspecto um homem muito perigoso, o tipo de homem que obedeceria qualquer ordem.

Porém, Larkin leva o lúgubre a novos patamares, se se pode dizer que o lúgubre tem uma qualidade positiva e não uma qualidade meramente negativa. A morte sem descanso, como ele a denomina, impossibilita qualquer pensamento (para ele, devemos lembrar; mas também para todos nós se entrarmos em seu mundo, como certamente entra o poema, tão poderoso que é), exceto:

> [...] onde e quando eu mesmo vou morrer.[8]

Esse modo de pensar, como ele bem sabe, é fútil:

> Pergunta árida: e no entanto o temor
> de morrer, e de estar morto,
> brilha outra vez, detendo e horrorizando.[9]

Larkin não se permite nenhum consolo estoico, que, suspeito, ele teria considerado fácil, como se os estoicos fossem vendedores que batem nas portas vendendo a morte como um produto inofensivo. Não; é a perspectiva da extinção absoluta que aterroriza:

> A mente dá branco, ofuscada. Não por remorso [...]
> Mas diante do vazio total perpétuo,
> Da extinção certa para a qual caminhamos,
> E em que nos perderemos para sempre. Não estar aqui,
> Não estar em lugar nenhum,
> E logo; nada mais terrível, nada mais verdadeiro.[10]

---

[8] No original: "… where and when I shall myself die. (N. E.)

[9] No original: *Arid interrogation: yet the dread / Of dying, and being dead, / Flashes afresh to hold and horrify.* (N. T.)

[10] No original: "*The mind blanks at the glare. Not in remorse* [...] / *But at the total emptiness for ever, / The sure extinction that we travel to / And shall be lost in always. Not to be here, / Not to be anywhere, / And soon; nothing more terrible, nothing more true.*" (N. T.)

Suspeito que não muitas pessoas consigam libertar-se por completo dessa ideia, isso se chegarem a abordar o assunto. Algo do lúgubre de Larkin sem dúvida tem a ver com sua biografia particular, e ligeiramente peculiar, por exemplo neste poema escrito quando ele tinha cinquenta anos (que, como hoje penso, não é uma bela idade):

> Aonde foi parar o tempo da vida?
> Reviste-me. O que resta é medo.
> Sem filho ou mulher, sou
> Capaz de ver aquela ausência:
> Tão definitiva. E tão próxima.[11]

Porém, não é possível pensar em "Aubade" como uma mera manifestação de uma psicopatologia pessoal: o poema nos faz um desafio a todos. E, muito estranhamente, assim como o pessimismo não exclui o humor, antes incentivando-o ou promovendo-o, também a poesia de Larkin antes exalta que deprime. De algum jeito misterioso, que não consigo explicar de todo, ela nos reconcilia com nossa condição, como só a arte consegue fazer.

---

[11] No original: *"Where has it gone, the lifetime? / Search me. What's left is drear. / Unchilded and unwifed, I'm / Able to view that clear: / So final. And so near.* (N. T.)

15. *Um Dia na Vida de Ivan Deníssovitch*, de Soljenítsin

A humanidade esqueceu Deus

Kenneth Francis

A literatura russa é permeada pelos temas da miséria e da guerra. E em lugar nenhum esses horrores inimagináveis são mais proeminentes e aterrorizantes que nos textos de Alexandre Soljenítsin (1918-2008).

Ganhador do Nobel, matemático, escritor cristão ortodoxo e dissidente russo, ele foi um homem que vivenciou diretamente o terror da existência quando os seres humanos esquecem Deus. Foi também um crítico franco da União Soviética e da barbárie do totalitarismo ateu. Fosse vivo hoje, provavelmente seria cautelosamente otimista quanto ao futuro da Mãe Rússia, mas pessimista quanto ao Ocidente.

Geração após geração, outros grandes autores russos como Tolstói, Dostoiévski, Gógol e Pasternak desnudaram a confusão, a repressão, a pobreza, a morte, a tristeza e o sofrimento do povo russo. Porém, nenhum deles é mais explícito ou memorável que Soljenítsin.

Enquanto servia no exército russo em 1945, ele foi detido e mandado para a prisão por criticar, numa carta, o líder russo Josef Stálin. Na prisão, Soljenítsin conheceu cristãos e ficou impressionado com sua profunda fé em Cristo e com sua grande força nas duras condições do gulag. Foi então que ele encontrou Deus.

Libertado da prisão, no exílio, ficou enojado com a decadência moral do Ocidente. Porém, em seu livro mais famoso, sua obra-prima,

O *Arquipélago Gulag*, ele recorda os horrores da Revolução Russa e de seu rescaldo (1918-1956). Essa loucura levou dezenas de milhões de pessoas a serem presas em campos de trabalho forçado, a serem torturadas, a sofrer com doenças, a serem estupradas, a serem mortas de fome e a serem executadas por um regime que odiava uma entidade na qual nem sequer acreditava: Jesus Cristo, o Deus do cristianismo.

Este ensaio se concentra num discurso de Soljenítsin, no qual ele reflete tanto sobre sua obra de não ficção quanto sobre seu romance mais famoso, Um Dia na Vida de Ivan Dessínovitch. Ivan Dessínovitch Shykhov foi condenado a ir para um campo no gulag soviético durante a Segunda Guerra Mundial. Ele é acusado de ser espião, e não é, e recebe como sentença ficar dez anos num campo de trabalhos forçados. A história narra a vida cotidiana de Ivan na imundície, onde os prisioneiros são tratados com alguma compaixão, mas principalmente com dureza e crueldade em condições congelantes.

Ali, a sobrevivência do mais apto vale no campo inteiro. O tema da história é a opressão totalitária e a sobrevivência. Em seu Discurso Templeton, em Londres, em 10 de maio de 1983, que denudou o mal que alguns seres humanos praticam quando se proclama que Deus morreu, Soljenítsin disse:

> [...] Se me pedissem hoje para formular da maneira mais concisa possível a principal causa da desastrosa Revolução que engoliu sessenta milhões de pessoas do nosso povo, eu não poderia fazer nada mais preciso que repetir: os homens esqueceram Deus; eis por que isso tudo aconteceu.

Hoje, no Ocidente, de modo mais visível desde o começo da década de 1960, vemos isso acontecer em rápida velocidade. Só que, dessa vez, especialmente no século XXI, trata-se de uma versão fascista do progressismo, com emoticon de carinha rindo. A Polícia da Igualdade do Novo *Establishment*, e seus dedicados guerreiros por procuração na esquerda, podem fazer da vida um inferno terrestre para os Ivans deste mundo ou para qualquer seguidor de Cristo.

As falhas da consciência humana, privadas de sua dimensão divina, foram um fator determinante em todos os grandes crimes deste século [...] A única explicação possível para [essas guerras] é um eclipse mental entre os líderes da Europa devido à sua perda de consciência de um Poder Supremo acima deles. Apenas um rancor ímpio poderia ter movido Estados aparentemente cristãos a usar gás venenoso, arma muito obviamente além dos limites da humanidade.

Num universo determinista sem dimensão divina, não passamos de um bando de hienas famintas se alimentando de uma zebra morta. Será que as hienas ajustam suas preferências *gourmet* para a carne putrefata? O mal moral envolve uma decisão consciente de um agente moral em empenhar-se em atrocidades vis como usar gás venenoso para vaporizar os inocentes. Porém, o Big Bang do naturalismo determinou que tudo e todas as ações seriam apenas ecos daquele evento cataclísmico. No entanto, o Big Bang, se criado por Deus, nos dá o livre-arbítrio.

O mesmo tipo de defeito, a falha de uma consciência que carece de toda dimensão divina, manifestou-se depois da Segunda Guerra Mundial, quando o Ocidente cedeu à tentação satânica do "guarda--chuva nuclear". Era o equivalente de dizer: vamos parar de nos preocupar, vamos liberar a geração mais jovem de seus deveres e obrigações, não façamos esforço nenhum para nos defendermos, para nem falar em defender os outros – tapemos os ouvidos para os gemidos que vêm do Leste, e vivamos, antes, na busca da felicidade.

A tentação satânica é real. Dizer que o mal sobrenatural não existe é dizer que milhões de seres humanos vaporizados por uma bomba nuclear não passam de uma reorganização dos átomos. Proteger os ouvidos dos gemidos que vêm dos holocaustos do Ocidente e do Oriente e buscar a felicidade é mau e satânico.

Não é estranho que, como muitos jovens esqueceram Deus, deitaram fora as preocupações e se libertaram de seus deveres e obrigações, a queda e a decadência moral do Ocidente e além continuem a intensificar-se? E, mais que estranho, bizarro que as pessoas tenham chorado de alegria e festejado noite adentro quando o aborto foi legalizado em dois países outrora religiosos?

15. *Um Dia na Vida de Ivan Deníssovitch*, de Soljenítsin

Quanto à busca da felicidade: assassinos em série, psicopatas e sociopatas corporativos implacáveis seguem com gosto esse mantra, em detrimento das vítimas que esmagam e pisoteiam no caminho para obter sua bênção moral relativista. Porém, você não encontra esse mal nos seus perfis nas mídias sociais, em que "direitos humanos", "proteção da criança", "igualdade" e "tolerância" estão entre suas muitas causas fajutas de sinalização da virtude. Já chegamos ao ponto em que eles estão drogados de virtude e não entendem a Verdade nem a ideia de Deus. O que Soljenítsin pensaria do mundo de hoje, mais de três décadas depois de seu discurso?

> O mundo de hoje [1983] atingiu um estágio em que, se fosse descrito nos séculos anteriores, teria provocado o grito: "Isso é o Apocalipse!". Mas nós nos acostumamos com esse tipo de mundo; até nos sentimos à vontade nele. Dostoiévski avisava que "grandes acontecimentos podem nos sobrevir e nos pegar intelectualmente despreparados". Foi precisamente isso que aconteceu. E ele previu que "o mundo só será salvo depois de ser possuído pelo demônio do mal".

A Bíblia também previu esse caos moral. A citação acima foi escrita muito antes de prostíbulos animais para zoófilos ("zoológicos eróticos") serem introduzidos em alguns países ocidentais; antes de prostitutas robôs femininas serem disponibilizadas para os homens; antes de partes de corpos de bebês abortados serem vendidas no Ocidente. E você achava que a Ilha do Doutor Moreau era macabra e moralmente doente?

> Se ele será realmente salvo, teremos de esperar e ver; isso dependerá da nossa consciência, da nossa lucidez espiritual, dos nossos esforços individuais e combinados diante de circunstâncias catastróficas. Mas já sucede que o demônio do mau, como um redemoinho, circunda triunfante os cinco continentes da Terra.

A Bíblia (João 12,31) diz: "Agora é o juízo deste mundo; agora será lançado fora o príncipe deste mundo". Num mundo decaído, governado por Satanás, Soljenítsin estava familiarizado até demais com o mal que as pessoas praticam ao rejeitar Cristo. Isso não equivale a dizer que todos os ateus são maus. Muitos ateus são pessoas moralmente boas, mas é difícil para elas justificar de forma objetiva sua moralidade.

Quanto ao cristão, o autor romeno Richard Wurmbrand (1909-2001), que foi torturado por sua fé numa prisão comunista, escreveu a respeito da crueldade do ateísmo, "na qual é difícil acreditar quando o homem não tem fé na recompensa do bem ou na punição do mal".

Wurmbrand disse que, segundo essa visão de mundo, não há motivo para ser humano, assim como não há limite para as profundezas do mal do homem. Ele escreveu: "Os torturadores comunistas com frequência diziam: 'Não há Deus. Não há vida após a morte. O mal não é punido. Podemos fazer o que quisermos!'. Cheguei até a ouvir um torturador dizer: 'Agradeço ao Deus em quem não creio por ter vivido até esta hora para expressar todo o mal no meu coração'. Ele o expressava com brutalidades e torturas inacreditáveis infligidas aos prisioneiros". Soljenítsin prossegue:

> Quando veio a Revolução, a fé tinha praticamente desaparecido dos círculos cultos da Rússia; e, entre os que não tinham estudo, sua saúde estava ameaçada. No passado, a Rússia tinha conhecido um tempo em que o ideal social não era fama, nem riqueza, nem sucesso material, mas um modo piedoso de viver. A Rússia de então estava mergulhada em um cristianismo ortodoxo que permanecia fiel à Igreja dos primeiros séculos.

No século XIX, o caminho para o marxismo foi aberto. Na época da Revolução, a fé tinha praticamente desaparecido dos círculos cultos da Rússia; e, entre os que não tinham estudo, sua saúde estava ameaçada, segundo Soljenítsin.

Foi Dostoiévski, o grande autor existencialista russo, que tirou da Revolução Francesa e de seu ódio pela Igreja a lição de que "a revolução tem necessariamente de começar com o ateísmo".

Soljenítsin outra vez:

> Porém, o mundo nunca tinha antes conhecido uma impiedade tão organizada, militarizada e tenazmente malevolente quanto aquela praticada pelo marxismo. *No sistema filosófico de Marx e Lênin, e no coração de*

15. Um Dia na Vida de Ivan Deníssovitch, de Soljenítsin

sua psicologia, o ódio a Deus é a principal força motriz, mais fundamental que todas as suas pretensões políticas e econômicas. O ateísmo militante não é apenas acidental ou marginal em relação à política comunista; não é um efeito colateral, mas o eixo principal.

O que se seguiu foi coisa de pesadelo. Milhares de igrejas foram destruídas; dezenas de milhares de membros do clero foram torturados, mortos, enviados para campos de trabalho, jogados nas ruas, sem dinheiro, e exilados nas regiões desoladas do norte congelante. Soljenítsin disse que todos esses mártires cristãos foram inabalados para a morte pela fé; "casos de apostasia eram poucos e escassos. Para dezenas de milhares de leigos, o acesso à Igreja estava bloqueado, e eles eram proibidos de criar seus filhos na fé". Pais religiosos tinham seus filhos levados, e eram jogados na prisão. E pensar que muitos esquerdistas hoje usam camisetas com a imagem da foice e do martelo gravada.

> Porém, há algo eles não esperavam: que em uma terra em que as igrejas tinham sido derrubadas, em que um ateísmo triunfante tinha corrido à solta por dois terços de século, onde o clero é totalmente humilhado e privado de toda independência, onde aquilo que resta da Igreja como instituição só é tolerado por causa da propaganda dirigida para o Ocidente, onde ainda hoje há pessoas sendo mandadas para campos de trabalho por causa de sua religião [...] Como é sempre o caso em tempos de perseguição e de sofrimento, a consciência de Deus no meu país tornou-se muito aguda e profunda.

No (anti-)Ocidente decadente, onde a perseguição política era relativamente inexistente durante a época do discurso de Soljenítsin, o grande dissidente logo se tornou uma não pessoa. A "Intelligentsia" progressista da mídia popular "não trabalha com Deus", e assim foi uma grande decepção ver um dissidente daqueles ostentar com tanto orgulho seu cristianismo. Esse era, e ainda é, o pior pecado secular.

Mais de trinta anos depois, a mesma coisa está acontecendo com o líder cristão russo Vladimir Putin. Ele disse que muitos países euro-atlânticos se afastaram de suas raízes, dos valores cristãos inclusive, e que esse é o caminho da degradação.

Alguns apontarão o passado de Putin na KGB como exemplo de ele possivelmente estar mentindo, mas as opiniões de muitas pessoas, incluindo a de Putin, podem mudar com os anos. Um exemplo é o ex-oficial da KGB Yuri Bezmenov, antigo membro da elite da propaganda do Comitê. Depois de se desiludir com o sistema maligno, ele arriscou a vida fugindo para o Ocidente. Assim como Soljenítsin, ele falou dos males do comunismo.

Ele disse:

> Leva de quinze a vinte anos para desmoralizar um país. Por que tantos anos? Porque esse é o número mínimo de anos necessários para educar uma geração de estudantes no país do seu inimigo expostos à ideologia do inimigo [deles]. Em outras palavras, a ideologia marxista-leninista está sendo bombeada nas cabeças moles de pelo menos três gerações de alunos americanos sem ser questionada ou contrabalançada pelos valores básicos do americanismo, do patriotismo americano.

Assim como George Orwell, que também escreveu a respeito dos males do comunismo em seu livro mais famoso, 1984, Bezmenov coincidentemente disse as palavras acima numa entrevista em 1984. Quanto a Putin (que permanece um enigma): ele recentemente inaugurou uma enorme estátua de são Vladimir, o santo patrono da Igreja Ortodoxa Russa, a cerca de 100 metros dos muros do Kremlin.

Iben Thranholm, um dos colunistas mais lidos da Dinamarca, diz isto a respeito da estátua: "Se você ficar a num determinado ponto do outro lado da rua onde fica o Kremlin, a cruz que ele carrega está ainda mais alta que a estrela na Praça Vermelha. Assim, o simbolismo é muito forte. No Ocidente [...] estamos seguindo por outro caminho. Estamos loucos para jogar fora nossos valores e nossa herança".

Será verdade que a Rússia pós-soviética agora trocou de lugar moral e espiritualmente com o Ocidente, em particular com os Estados Unidos? Taki Theodoracopoulos, escritor e editor de revistas, diz: "Os russos são um povo espiritual que anseia por conectar-se com Cristo, não com Wall Street".

Numa série de palestras que deu no Wheaton College, em Chicago em 1968, o teólogo Francis Shaeffer disse: "Vivemos num mundo pós--cristão [...] Não há exibição disso em ponto nenhum da história, tão claramente, em tão poucos anos, quanto em nossa geração [...] Tendo se afastado do conhecimento dado por Deus, o homem agora perdeu toda a cultura cristã".

E pensar que ele disse isso 50 anos atrás. O que ele pensaria hoje, se tivesse vivido até agora? Um dia em que uma funcionária de uma clínica de aborto, no almoço, brinca dizendo que vai comprar uma Lamborghini se conseguir o melhor preço para tecidos e partes de corpos de bebês abortados.

E aqueles que criticam esses comentários vis tornaram-se os Ivan Dessínovitch do nosso tempo: condenados ao suicídio profissional e à exclusão no gulag politicamente correto da terra de ninguém; um campo de trabalho metafórico de isolamento dos círculos "respeitáveis" do Twitter e de jantares. Um lugar mental onde os "prisioneiros" são tratados com zero compaixão, mas principalmente com dureza e crueldade, em condições congelantes. O gulag não acabou, sabe?

16. *Hamlet*, de Shakespeare

Theodore Dalrymple

Parece-me, a meu modo assistemático e nada erudito, que algumas das peças de Shakespeare contêm falas que de certa forma destilam aquilo de que a peça trata – presumindo, é claro, que se possa dizer que obras complexas de literatura tratam de alguma coisa e que portanto podem ser destiladas.

A ação de *Rei Lear*, por exemplo, segue-se da tola decisão do rei de pôr-se à mercê de Goneril e Regan, suas duas filhas, por causa de suas extravagantes profissões de amor por ele, ao mesmo tempo que deserda Cordélia porque ela não faz essa profissão. Kent adverte Lear:

> Não têm o coração oco aqueles cuja voz baixa
> não reverbera o vazio...

mas Lear não dá atenção, e prefere acreditar que as palavras devem significar o que dizem e necessariamente refletir os pensamentos e os sentimentos daqueles que as pronunciam. O resto da peça é uma longa, dolorosa e trágica lição de que não é assim: uma lição que nós (a humanidade) nunca aprendemos de uma vez por todas.

Em *Hamlet*, segundo meu método de destilação, as falas cruciais estão na cena em que Guildenstern foi mandado por Cláudio, rei usurpador, para descobrir o que está incomodando Hamlet e fazendo com que ele aja de maneira tão estranha. Hamlet, é claro, sabe exatamente quem mandou Guildenstern e o que ele realmente pretende.

Hamlet pede a Guildenstern: "Pode tocar essa flauta?"

GUILDENSTERN: Meu senhor, não sei tocar.

HAMLET: Por favor.

GUILDENSTERN: Acredite, não sei tocar.

HAMLET: Estou pedindo.

GUILDENSTERN: Não tenho a menor ideia.

HAMLET: É tão fácil quanto mentir. Você comanda essas aberturas com os dedos e o dedão, dá sopro com a boca, e ela discursará a música mais eloquente. Veja, essas são as chaves.

GUILDENSTERN: Mas não consigo obrigá-las a emitir nenhuma harmonia. Não tenho essa capacidade.

HAMLET: Ora, veja você agora, como você me julga indigno. Você veio aqui para me tocar. Parece conhecer minhas chaves. Quer arrancar o coração do meu mistério. Tiraria meus sons, da minha nota mais grave à mais aguda do meu compasso. E há muita música, uma voz excelente, nesse pequeno órgão, mas você não consegue fazê-lo falar? Ora essa, você acha que eu sou mais fácil de tocar que uma flauta? Pode me chamar de qualquer instrumento, embora você consiga pôr os dedos em mim, não sabe me tocar.

[...]

Você arrancaria o coração do meu mistério: você tentaria conhecer meus pensamentos mais resguardados e minhas motivações mais secretas. Porém, isso é algo que você não consegue nem nunca conseguirá fazer.

Qual é exatamente o mistério cujo coração Guildenstern arrancaria de Hamlet? Será que Hamlet sabe qual é, e será que esse mistério poderia ser arrancado, digamos, pela tortura? Será que, se Hamlet fosse torturado, revelaria sua essência mesma ao torturador?

Esse procedimento talvez o fizesse revelar algo sobre si mesmo e sobre seus pensamentos: mas, mesmo assim, o torturador jamais poderia ter muita certeza de que aquilo que foi revelado era verdadeiro, ou apenas dito para que a tortura parasse. Sem dúvida, algo das informações assim extraídas poderia ser verificado: a localização de uma pessoa, por exemplo. Porém, não é esse tipo de informação que Guildenstern busca, que é intrinsecamente ambígua e duvidosa. Nem o governo da Coreia do Norte pode saber o que seus cidadãos – ou prisioneiros – estão pensando; e, apesar dos avanços tão celebrados das neurociências, acho altamente improvável que essa ignorância radical vá ser superada, por exemplo, por um *scanner* de pensamentos que consiga imprimir os pensamentos de uma pessoa na hora em que ela os pensa. E mesmo isso seria insuficiente, pois todos temos camadas simultâneas de pensamentos e de emoções, dos quais estamos conscientes em vários graus. A existência mesma de uma máquina dessas, a mera possibilidade de que ela estivesse sendo usada conosco, alteraria a natureza dos pensamentos.

Os esforços de Guildenstern não são a primeira vez na peça em que um esforço foi feito para "entender" Hamlet. Polônio, cortesão de confiança de Cláudio (e suspeitamos que Polônio, para salvar sua própria posição, seria o homem de confiança de qualquer pessoa), diz ao rei que sabe a causa do destempero de Hamlet: uma paixão por sua filha Ofélia. Isso, é claro, leva a um fiasco: e as pretensões de Polônio de entender o que se passa são expostas como aquilo que são: meras pretensões.

Hamlet não entende a si mesmo, e, quanto mais pensa, menos entende. Quando os atores chegam a Elsinore para distraí-lo de sua aparente melancolia, ele primeiro pede que eles encenem um trecho de uma peça que ele já os viu encenar. Quando eles fazem isso e deixam Hamlet a sós, ele recita um de seus grandes solilóquios: *Oh, que camponês escravo e patife sou...*

Nessa fala, ele chama a atenção – a nossa e a dele – para o fato de que, se ele tem todo motivo para uma paixão extrema, isto é, um pai assassinado, um reino usurpado e uma mãe infiel, ele não consegue expressá-la com a força emocional empregada por atores que recordam acontecimentos imaginários: *O que Hécuba significa para ele, e ele para Hécuba...* etc. Sua confusão emocional é completa.

Quais os reais sentimentos de Hamlet por Ofélia? Primeiro, ele a trata com uma crueldade verdadeiramente abominável, quase sádica: porém, quando ela morre, ele parece entrar num luto incomensurável por ela, e diz tê-la amado mais que trinta mil irmãos jamais poderiam ter amado. Outra vez, não podemos deixar de observar as contradições da psique de Hamlet, mas não concluímos que elas surjam da incompetência de Shakespeare como dramaturgo, nem de sua incapacidade de construir um personagem coerente. Num certo sentido, a incoerência de Hamlet é sua coerência, e se todos passarmos o mesmo tempo pensando em nós mesmos e em nossa situação no mundo, todos ficaremos tão atrapalhados – ou enlameados, como ele diz no solilóquio – quanto ele. É essa a condição humana de que Hamlet é um grande exemplo.

Claro que, se Hamlet estivesse vivo na década de 1920, ou fosse americano nos anos 1950 ou 1960, teria ido ou sido mandado para o psicanalista, o qual teria também tentado arrancar o coração de seu mistério. O psicanalista teria atribuído seu fracasso à resistência psicológica do paciente, não à inerente impossibilidade da empreitada; se Hamlet apenas prosseguisse com a análise por tempo suficiente, o mistério seria arrancado e ele pararia de ficar enrolando e saberia exatamente o que fazer.

Na verdade, Hamlet foi psicanalisado, e não por algum psicanalista qualquer, mas por um dos primeiros discípulos de Freud, seu primeiro seguidor de língua inglesa e posterior hagiógrafo: Ernest Jones. Jones chegou à conclusão – ou talvez eu devesse dizer que ele começou com a conclusão – de que Hamlet sofria de um Complexo de Édipo irresolvido. A hesitação de Hamlet sobre o que fazer a respeito de Cláudio vinha não de seus escrúpulos morais, nem do questionamento de si ou algo assim, mas do fato de que Cláudio tinha usurpado o leito matrimonial de Gertrude, o leito que ele sempre quis ocupar. Ele não mata Cláudio imediatamente, por mais fácil que isso fosse, porque fazer isso revelaria para ele os desejos que tem de reprimir para não se tornar consciente deles. Além disso, ele é igualmente ambivalente quanto ao pai, que também ocupou o leito que ele sempre quis ocupar (claro, de forma subconsciente). É por isso que ele não executa a clara injunção do fantasma do pai. Se fizesse isso, ele teria percebido que seus sentimentos pelo pai eram muito menos diretamente os da piedade filial que sua mente consciente gostaria de ter imaginado.

Aceitemos por um instante essa interpretação absurda e procustiana. O Complexo de Édipo (irresolvido no caso de Hamlet) é pelo menos tão misterioso quanto o comportamento que ele é convocado a explicar. Se se diz que o Complexo de Édipo é um fato bruto da natureza humana – como já se disse um dia, tanto que os antropólogos foram procurá-lo entre os habitantes das Ilhas Trobriand –, podemos perguntar como ele surgiu, pois nenhuma explicação como essa (que ele era um fato bruto da natureza humana) poderia ser considerada final, de modo que nenhuma outra pergunta poderia ser feita. E, caso se encontrasse para ele alguma explicação evolutiva, essa explicação também não seria final. Se arrancar o coração do mistério significa encontrar a causa ou a natureza definitiva do que quer que seja misterioso para nós, então – exceto para os religiosos – coração nenhum de mistério nenhum jamais é arrancado. Algumas pessoas estão satisfeitas com que seja assim, e outras não; porém, o que me parece certo é que Hamlet, e por extensão toda a humanidade, *tem* um mistério, um mistério cujo coração, após muitos anos de exame de pacientes, eu mesmo não estou nem um pouco mais perto de arrancar. Além disso, eu não gostaria de arrancá-lo se pudesse.

17. A "Parábola do Louco", de Nietzsche

O que acontece quando você desata a Terra do Sol

Kenneth Francis

O ateu alemão Friedrich Nietzsche (1844-1900) era um triste filósofo que se mostrava brutalmente sincero a respeito dos horrores da existência sem Deus. Sua mensagem também não é amiga dos Humanistas Seculares contemporâneos, cujo Logotipo de Pessoa Feliz pula de alegria com otimismo incontido. Nietzsche, que faria uma careta diante dessa tolice de Poliana, defendia o niilismo, o ateísmo real, apesar de ele ser impossível de viver e desprovido de qualquer sistema forte.

Onde os humanistas expõem as virtudes de *sua* versão da igualdade, os "direitos humanos" e a compaixão, Nietzsche abominava esses valores "fracos" e "covardes". Na visão dele, a sobrevivência do mais apto era o fim último para aqueles que se esforçavam para tornar-se os *Ubermensch* (super-homens). Assim como Arthur Schopenhauer, que o influenciou, seu estilo e suas ideias eram vigorosos e evocativos.

Os dois filósofos alemães também compartilhavam uma visão pessimista da humanidade. Quando Nietzsche declarou a "morte de Deus" no fim do século XIX, criou uma parábola que esboçava as ramificações desse "assassinato de todos os assassinos". É provável que Nietzsche tenha sido inspirado consciente ou inconscientemente pelo Livro de Eclesiastes porque ele conhecia bem a Bíblia. E a "Parábola do Louco"[1] tem ecos dos ensinamentos do Pregador a respeito da vida sem Deus.

---

[1] Friedrich Nietzsche, *A Gaia Ciência*. 1882, 1887.

Nietzsche escreveu:

> Não ouvistes falar do louco que acendeu uma lanterna nas brilhantes horas da manhã, correu para a praça e gritou incessantemente: "Procuro Deus! Procuro Deus!" – Havia muitos que não acreditavam em Deus ali em volta, ele provocou muito riso.

Os que riem do "Louco" são os ateus da aldeia, a "Intelligentsia" (o Novo *Establishment*) de hoje. E é possível que o "Louco" represente Nietzsche, que percebe as ramificações de pesadelo que aguardavam a humanidade depois de termos matado Deus.

> "Será que ele se perdeu?", pergunta um deles. "Será que se perdeu do caminho como uma criança?", pergunta outro. "Ou será que está se escondendo? Será que tem medo de nós? Partiu de viagem? Emigrou?" – Assim eles gritavam e riam. O louco pulou no meio deles e trespassou-os com seu olhar. "Para onde foi Deus?", gritou; "Dir-vos-ei. Nós o matamos – vós e eu. Todos nós somos seus assassinos. Porém, como fizemos isso? Como pudemos beber o mar? Quem nos deu a esponja para remover o horizonte inteiro? O que estávamos fazendo quando desatamos esta Terra de seu Sol? Para onde ela se move agora? Para onde nos movemos? Para longe de todos os Sóis? Não estamos mergulhando sem parar? Para trás, para o lado, para a frente, em todas as direções? Ainda existe algum para cima ou para baixo? Não estamos vagando, como que por um infinito nada? Não estamos sentindo o sopro do espaço vazio? Ele não ficou mais frio? A noite não se aproxima de nós continuamente? Não precisamos acender lanternas de manhã? Ainda não ouvimos nada dos coveiros que estão enterrando Deus? Ainda não sentimos nada do cheiro da decomposição divina? Os deuses também se decompõem. Deus morreu. Deus continua morto. E nós o matamos."

Quase duas décadas depois de Nietzsche escrever isso, a primeira das duas Grandes Guerras começou, seguida por mais guerras e explosões nucleares no Japão. Esse conflito de um século culminou no maior banho de sangue de todos os tempos, totalizando 100 milhões de mortes.

Em momento nenhum da história humana houve uma carnificina tão horrível quanto no século XX.

Nietzsche nos tinha advertido quanto a isso. Toda geração achava que o mundo estava piorando, mas agora a podridão no declínio da civilização certamente está se espalhando com uma velocidade tremenda. Com o horizonte apagado e a Terra desatada do Sol, partes do século XX seguramente estão vagando por um nada finito. E as primeiras décadas do século XXI parecem estar superando Sodoma e Gomorra, na medida em que o Oriente Médio e o Extremo Oriente estão em conflito e o (anti-)Ocidente decadente está em declínio moral.

Pense só: uma indústria de entretenimento depravada glorificando o sexo e repleta de simbolismo satânico; *websites* que promovem o adultério; a promoção de todas as práticas sexuais perversas; uma geração de adultos que sofreram lavagem cerebral e de estudantes escravizados por sentimentos inspirados pela mídia; a destruição incansável e contínua da civilização cristã e a guerra contra a família tradicional. É o caso de perguntar-se quando a civilização foi gerida de maneira mais repulsiva. Anthony Esolen, professor de Literatura Inglesa do Renascimento e Desenvolvimento da Civilização Ocidental na Providence College, disse: "O que é o pior de viver perto de um esgoto aberto? Não é que você fica nauseado com o fedor toda vez que sai de casa. É que os vapores fétidos são tão onipresentes, e você já viveu com eles por tanto tempo, que você não repara mais neles. O que é o pior de viver nos detritos de uma civilização? Não é que você deixe escorrer uma lágrima pelas nobres igrejas, cortes e câmaras municipais que conhecia, ao recordar anos repletos de serviços religiosos, desfiles e festas de ruas, e todo o *nonsense* espalhafatoso de uma vida civil comum. É que você nem suspeita de que essas coisas tenham existido"[2]. Não é acidente que o "esgoto", que está apodrecendo desde o pé da Cruz, tenha sido inflamado em seguida pela Revolução Francesa anticristã e superacelerada no começo da década de 1960 durante a Revolução Sexual. Ditadores despóticos estão cientes de que um povo desmoralizado é mais

---

[2] Anthony Esolen, "What Would Our Ancestors Think of Us?" [O que Nossos Ancestrais Pensariam de Nós?]. *Crisis Magazine*, 16 fev. 2016.

fácil de controlar. Jesus disse: "Pai, perdoai-os, eles não sabem o que fazem" (Lucas 23,34). Num mundo insano desses, como encontrar conforto em toda essa loucura?

> O Louco prossegue: "Como vamos confortar a nós mesmos, os assassinos de todos os assassinos? Aquilo que era mais sagrado e poderoso de tudo o que o mundo ainda possuíra sangrou até a morte sob nossas facas: quem vai enxugar esse sangue de nós? Que água existe para que nos limpemos? Que festivais de expiação, que jogos sagrados teremos de inventar? Será que a grandeza desse ato não é grande demais para nós? Será que nós mesmos não temos de nos tornar deuses apenas para parecer dignos dele? Nunca houve ato maior; e quem quer que nasça depois de nós – por causa desse ato pertencerá a uma história superior a toda história até então". Aqui, o louco caiu em silêncio e outra vez mirou seus ouvintes; e eles, também, ficaram em silêncio e o fitaram atônitos. Por fim, ele jogou a lanterna no chão, e ela se quebrou em pedaços e se apagou. "Cheguei cedo demais", disse ele então; "meu tempo ainda não é agora. Esse acontecimento tremendo ainda está ocorrendo, ainda está vagando; ele ainda não chegou aos ouvidos dos homens..."[3]

Infelizmente, muitos anos atrás ele chegou aos ouvidos de homens e mulheres, e continua hoje. Alguns se esforçam para se tornarem Deus, mas estão destinados ao fracasso tanto físico quanto espiritual. Um mundo sem Deus lança uma sombra escura sobre nossas origens mesmas, como se não passássemos de lama do pântano que evoluiu. Se Nietzsche realmente entendesse as implicações do darwinismo e sua escravização ao determinismo da natureza, será que ele teria nos incentivado a escolher nos tornarmos super-homens e a nos esforçar para isso? E, quanto ao ateísmo de Nietzsche, como poderia uma marionete molecular sequer escolher alcançar as excelsas alturas do super-homem se a liberdade da vontade é uma ilusão num universo predeterminado feito apenas de matéria?

---

[3] Nietzsche, *Assim Falou Zaratustra*, Parte 4, "O Mágico".

Será que ele não entendia que, segundo o darwinismo, os átomos não desenvolvem uma moralidade, e o *Homo sapiens* não pode escolher tornar-se ou super-homem ou fracote, assim como uma árvore não pode escolher criar galhos? Nietzsche certa vez escreveu um poema para um "Deus desconhecido", bradando: "Desconhecido! Fala. Que queres tu, deus desconhecido? [...] Volta com todas as tuas torturas! Para os últimos de todos os que estão sós, oh, volta! E a última chama do meu coração – se acende por ti! Oh, volta, meu deus desconhecido! Minha dor! Minha última – felicidade!". Nietzsche parece um homem raivoso, amargo. Na última década de sua vida, quando ficou louco, ele sentava na cama, calado, com a mãe ocasionalmente a seu lado. Às vezes, ele falava de forma esporádica e recitava trechos da Bíblia. Talvez ele sofresse de uma espécie de vácuo de Deus ao afundar-se cada vez mais na loucura.

Para o ateu David Hume, o vácuo de Deus não podia ser preenchido com jogos nem com diversões durante suas nuvens de dúvida. Ele escreveu: "Muito felizmente sucede que, como a razão é incapaz de dissipar essas nuvens, a natureza mesma basta para esse propósito, e me cura da melancolia filosófica e do delírio..."[4] Hume acrescentava: "Eu janto, jogo uma partida de gamão, converso [...]; e quando, depois de três ou quatro horas de diversão, volto a essas especulações, elas parecem tão frias, forçadas e ridículas que não consigo encontrar a motivação para ir mais longe nelas".

Em 1898 e 1899, Nietzsche ficou parcialmente paralisado após ter alguns infartos. Eles o deixaram acamado e ele tinha grande dificuldade para falar. Em 1900, contraiu pneumonia e teve outro infarto. Morreu em 25 de agosto daquele ano. O legado de Nietzsche para a sociedade contemporânea é moralmente negativo. Isso não equivale a dizer que deveríamos esperar perfeição de nossa vida cotidiana ou daqueles que admiramos.

Theodore Dalrymple escreveu que idade nenhuma é de ouro para aqueles que nela vivem, e que não é frequente que os homens estejam mais gratos pelo progresso passado que preocupados com as imperfeições atuais: "Mesmo assim, nossa era atual parece excepcional na peculiaridade

---

[4] Hume, *Tratado da Natureza Humana* (1, 4, 7).

de seu desconforto. Nunca na história humana as pessoas viveram vidas tão longas e sem dor; nunca tantas pessoas, e uma proporção tão alta de pessoas, tiveram tanta liberdade para escolher como viver, quais objetivos buscar e como se distrair. Por outro lado, nunca tantas pessoas se sentiram tão deprimidas e recorreram a pílulas para aliviar seu mal-estar"[5].

Sim, o homem nasce na confusão, enquanto as faíscas saem voando.

---

[5] Theodore Dalrymple, *Não com um Estrondo, mas com um Gemido*, "Prefácio". São Paulo: É Realizações, 2016.

18. "A Segunda Vinda", de Yeats

Theodore Dalrymple

Os versos desse famoso poema, escrito no rescaldo da mais catastrófica de todas as catástrofes europeias, a Primeira Guerra Mundial, foram explorados numa quantidade sem paralelo por autores desejosos de trazer a gravidade de Yeats para sua obra. Se nenhuma interpretação detalhada de um poema pode ser definitiva ou indubitavelmente correta, poucos duvidam de que "A Segunda Vinda" é profético de um modo profundamente pessimista e, à luz dos anos que viriam, perspicaz.

Seus versos citados com maior frequência agora provavelmente nunca perderão sua importância:

> Os melhores não têm convicção nenhuma, enquanto os piores
> Estão cheios de intensidade apaixonada.[1]

Quem, contemplando a história europeia nos anos que se seguiram, ou de fato nossa situação política e social agora, negaria a ressonância dessas palavras? Mal se pode duvidar da intensidade apaixonada de Lênin ou de Hitler, ou de que eles estão entre os piores homens a já ter dirigido os destinos de um país. A eles contrapunham-se pessoas muito melhores, cuja decência parecia morna e portanto, na comparação, sem convicção.

---

[1] No original: *The best lack all conviction, while the worst / Are full of passionate intensity.*. (N. T.)

Infelizmente para a humanidade, a convicção tem seu peso. Como pode um homem tão veemente estar errado?

Quanto à nossa própria época, há uma estridência naqueles que exsudam convicção que pessoas melhores, mais equilibradas, não conseguem equiparar. Quanto a mim, suspeito que a estridência indica uma incerteza ou insegurança de base, e também um desejo de encontrar um sentido transcendente para a existência daqueles que a exsudam. De onde pode surgir essa transcendência se não da causa que supostamente produzirá um mundo melhor?

A crença religiosa está em declínio há muito tempo. Suspeito que a estridência dos islamistas surja de uma consciência de que se a apostasia, a conversão a outras crenças ou o livre exame de questões como a verdadeira história do Corão fossem permitidos, normalizados e generalizados, o centro não aguentaria, como não aguentou no caso do cristianismo, e a mera anarquia, pior ainda que a atual, seria despejada no mundo e nas psiques individuais.

Uma verdadeira religião política abrangente como o marxismo (por verdadeira religião política obviamente não refiro uma religião que seja verdadeira, mas um sistema de crenças políticas que verdadeiramente opera como uma religião, ainda que seja numa esfera inteiramente secular) parece ter perdido seu domínio das mentes dos intelectuais ocidentais, em grande parte como resultado da queda da União Soviética – por mais que os marxistas tenham protestado, dizendo que sua marca de marxismo não tinha nada a ver com a União Soviética e vice-versa.

A continuidade de uma tradição na qual se nasceu é cada vez menos capaz de fornecer sentido transcendente para as pessoas modernas porque supostamente todos somos inteiramente feitos por nós mesmos ou gerados por nós mesmos (o desenvolvimento pessoal acontece até um dia antes da morte, e pede-se a empregados – incluindo profissionais altamente qualificados – que produzam planos de desenvolvimento pessoal meras semanas antes da aposentadoria, como se uma eternidade se estendesse à sua frente).

De modo similar, a família não oferece mais um grande sentido de transcendência, assim como um caleidoscópio não oferece um padrão fixo para alguém copiar. Sua única constante é a inconstância. Não há uma conexão sentida com o passado ou com o futuro. Uma tradição familiar não significa mais para as pessoas que uma tradição nacional, e de fato ela pode parecer mais uma camisa de força, limitando ou impedindo o desenvolvimento pessoal daquele que a aceita por falta de personalidade ou de caráter próprios.

Se muitas pessoas, talvez a maioria, ainda lutam para ganhar um dinheiro proporcional a seu desejo de consumir, isso não pode em nenhum sentido real ser chamado de luta pela sobrevivência, na medida em que ninguém espera literalmente morrer de fome. A mera sobrevivência, então, não é uma realização que possa ser ocasião de orgulho, e, para aqueles para quem o sucesso material é importante, sucesso nenhum pode ser suficiente para satisfazer.

O que, então, resta para o homem inteligente, culto e dado à reflexão que muito provavelmente tem um trabalho sem exigências físicas e muito possivelmente sem substância espiritual? Restam as causas, as quais, assim que são atingidas, são seguidas pela adoção de novas causas. O efeito de vitórias pregressas, que costuma ser ambíguo, raramente faz nascer a reflexão, porque os resultados são menos importantes que a luta: é mais feliz lutar que vencer. E o motivo pelo qual é mais feliz lutar que vencer é que, enquanto se luta, questões mais profundas de sentido e propósito são mantidas a distância. A estridência que afoga o pensamento assim como o ruído branco afoga a recepção de rádio é o outro meio indispensável de evitar a reflexão.

Isso não equivale a dizer que não existem boas causas, claro; também o fim da Primeira Guerra não significou que houve menos guerras. Porém, se examinarmos, por exemplo, os acontecimentos de maio de 1968 na França, cinquenta anos antes de eu escrever isso, é impossível não ver naquele levante adolescente uma sede, intensa mas ao mesmo superficial, de transcendência. Os estudantes equiparavam o regime sob o qual viviam vidas privilegiadas com o dos nazistas, e as CRS[2] com

—— [2] Compagnies Républicaines de Sécurité, o ramo da polícia francesa que lida com multidões. (N. T.)

18. "A Segunda Vinda", de Yeats

as SS. Um dos cartazes mais famosos da época mostrava o rosto de De Gaulle como uma máscara, atrás da qual estava o verdadeiro rosto: o de Hitler. Somente pessoas profundamente ignorantes, egoístas completos ou imbecis morais poderiam ter proposto essa equivalência ou a levado a sério quando proposta.

Podemos perguntar por que eles a levaram a sério. Seguramente havia neles um desejo de sofrer assim como a geração anterior tinha sofrido, ou ao menos de ser vistos como pessoas que sofreram assim como a geração anterior sofrera, sem realmente querer passar pelos aspectos mais desconfortáveis daquele sofrimento. Se há uma coisa que o cataclismo da Segunda Guerra Mundial fez, foi responder qual era o sentido da existência. Era a sobrevivência. Além disso, os acontecimentos daquela guerra obviamente tinham uma importância muito maior que a experiência que qualquer pessoa teve deles. A transcendência histórica estava no ar que as pessoas respiravam e na comida exígua que comiam. As realidades da próspera vida comum da social-democracia eram brandas demais para satisfazer o romantismo da juventude mimada: sua intensidade apaixonada era um véu para um protesto contra sua própria insignificância.

"A cerimônia da inocência é afogada", diz Yeats: podemos ver isso no triunfo, até dentro de nós mesmos, daquilo que já foi denominado "hermenêutica da suspeita", isto é, a ideia de que a realidade oculta por trás de todo caráter humano, de todos os fenômenos sociais e de todas as interações é algo indigno: uma pessoa boa na verdade é um sádico, uma pessoa branda alguém que só pensa em poder, e assim por diante. O policial não está protegendo o público, está aplicando o interesse seccional de maneira corrupta; o professor não está esclarecendo os jovens, está instilando preconceitos; um cirurgião não está salvando uma vida, está ganhando a vida. Há ou pode haver um elemento de verdade nisso, é claro; porém, a grande marca da estridência, a intensidade apaixonada de que fala Yeats, está em tomar a parte pelo todo, para melhor dar um sentido ou propósito simples para a existência.

Marx, Nietzsche e Freud foram os três grandes mestres da desconfiança, os afogadores da inocência, aos quais hoje acrescentamos um quarto:

Darwin, cujos seguidores proclamam que somos apenas os envelopes, e que a verdadeira mensagem está em nossos genes, que todos os nossos pensamentos, esforços e reflexões não passam de epifenômenos dessa realidade mais profunda que é a preservação e a disseminação do DNA dentro de nós. Nenhum desses quatro mestres era religioso, e todos os quatro reagiram à crise de fé em que a Europa como um todo estava mergulhada, e da qual eles eram tanto sintomas quanto causas. É o caso de pensar no longo rugido melancólico a retirar-se de que fala Arnold.[3]

Porém, o que substituirá a fé, a cerimônia da inocência, depois do apocalipse da guerra? Uma sociedade comunista perfeitamente justa? O super-homem? A liberdade sexual completa? A engenharia genética que fará de nós seres perfeitos? Yeats não é tão otimista, se é que alguma dessas visões de um mundo melhor pode ser chamada de convidativa:

> Certamente alguma revelação está próxima:
> certamente a Segunda Vinda está próxima.[4]

A Segunda Vinda, porém, provavelmente não trará ou restaurará um estado anterior à queda. Yeats vê aproximando-se

> Uma figura com corpo de leão e cabeça de homem,
> um olhar vazio e impiedoso como o Sol,
> move suas coxas lentas, enquanto à sua volta
> rodopiam sombras dos indignados pássaros do deserto.[5]

Um olhar vazio e impiedoso como o Sol: o que poderia descrever melhor o olhar de um Lênin, de um Hitler ou de um Mao (e de seus semelhantes, dos quais houve, perturbadoramente, muitos) enquanto examinavam o que fizeram? Vinte séculos de um sono de pedra, incomodados, viraram pesadelo por causa de um berço a balançar, diz Yeats: a Primeira

---

[3] Referência ao poema "A praia de Dover" ("Dover Beach"), que será discutido em outro capítulo do livro. (N. T)

[4] No original: *Surely some revelation is at hand: / Surely the Second Coming is at hand.* (N. T.)

[5] No original: *A shape with lion body and the head of a man, / A gaze as blank and pitiless as the sun, / Is moving its slow thighs, while all about it / Reel shadows of the indignant desert birds.* (N. T)

Guerra foi a apoteose ou o produto final do longo caminho de civilização em que nos iludimos achando que estávamos progredindo regularmente, e agora, como resultado, temos de perguntar:

E que rude besta, sua hora enfim chegada,
se arrasta até Belém para nascer?[6]

Qual terrível novo Salvador vai nos oferecer sua Salvação secular? O comunismo e a pureza racial foram a primeira resposta a aceitar o desafio. O islamismo, cheio de intensidade apaixonada, é o competidor atual, ao menos em certas áreas do mundo: porém, ele não terá a última palavra. Um paganismo ambientalista mais brando e totalitário talvez ainda entre pela brecha descortinada por Yeats. Mas quem sabe? A esperança nunca morre, sem dúvida, mas as más ideias também não. A mente humana, assim como a Natureza, abomina o vácuo e prefere um *nonsense* maligno a simplesmente nada.

---

[6] No original: *And what rough beast, its hour come round at last, / Slouches towards Bethlehem to be born?* (N. T.)

19. *Casa de Bonecas*, de Ibsen

"Eu me casei com um monstro do espaço sideral"

Kenneth Francis

Uma das peças mais populares de todos os tempos é *Casa de Bonecas*, de Henrik Ibsen. E também é uma das mais encenadas de todos os tempos. Escrita em 1879, ela estreou naquele ano, quatro dias antes do Natal, no Teatro Real de Copenhague, na Dinamarca. Na sua época, essa peça foi chocante e radical.

Ibsen retrata a protagonista, Nora, como alguém que finge ser alguém que não é seu "verdadeiro eu". Ao contrário de todas as mulheres e de todos homens que se casam e acham que a vida de casado às vezes pode ser difícil, Nora não quer saber de nada disso. Porém, considere o que ela tem: uma casa grande, empregadas, três filhos bonitos, Torvald, que é um marido amoroso, embora às vezes excessivamente protetor, e um ambiente confortável.

Porém, ela está cansada dos queridos apelidos carinhosos de Torvald, um gerente de banco que trabalha duro e que regularmente lhe entrega grandes maços de dinheiro enquanto a nina. Ela também está incomodada por ele não ser 100% perfeito. Parece que seus padrões em termos de marido não são apenas impossivelmente altos, são também risivelmente impossíveis.

Mais que tudo, Nora está furiosa porque Torvald, embora sempre tenha "sido tão bom para mim", não a entende (quem entende por completo seu marido ou esposa?). Ela também está chateada com ele por causa de uma dívida secreta antiga e de uma assinatura forjada; tudo feito com as melhores intenções. Além disso, nessa situação conjugal comum de classe média alta, ela não apenas não "sabe exatamente o que é religião" em relação à moralidade, como não pode ser seu verdadeiro eu.

Levada por suas emoções, seu padrão de moralidade objetiva é zero. Assim, é claro, *não há como* ela ser seu verdadeiro eu. Jesus disse: "Se alguém quiser vir comigo, renuncie a si mesmo, tome sua cruz e siga-me" (Mateus 16,24). Porém, distanciar-se de Deus resultou numa alma desordenada; e uma alma perturbada é inquieta.

Ela também não acredita mais "que coisas maravilhosas vão acontecer" (bem-vinda ao clube do mundo decaído do planeta Terra). No final, na esperança de que algo prodigioso aconteça para "melhorar" sua situação, ela bate a porta na cara do marido e dos filhos e vai embora em busca de sua própria "libertação". Repetindo: ela impiedosamente abandona o marido amoroso e três filhos pequenos.

Será que Torvald é realmente tão ruim assim, ou será que Nora se sente sufocada pela moralidade burguesa? Ela não se casou com o filósofo misógino Arthur Schopenhauer nem com um monstro do espaço sideral. Ou será que ela foi criada com valores iluministas amorais? Uma mulher realmente forte com certeza teria censurado o marido e comunicado seu desgosto ressaltando os traços dele que ela abomina.

Quando o psicanalista Sigmund Freud perguntou de forma retórica "O que as mulheres realmente querem?", a personagem Nora com certeza é lembrada por qualquer pessoa racional que tenha visto *Casa de Bonecas*. Apenas um lunático poderia se levantar e aplaudir uma mulher rica e mimada que abandona os filhos. Aliás, a primeira obra de Freud sobre a psicanálise foi sobre *Hedda Gabler*, a história de outra protagonista de Ibsen egoísta, neurótica e suicida, que anseia por liberdade e autenticidade.[1]

Foram talvez as mudanças de humor e as manifestações de histeria de Gabler que inspiraram Freud, obcecado com sexo (ele dizia que a contenção sexual leva à neurose e a problemas de saúde). Pulemos para

---

[1] Joseph Wood Crutch, *Modernism in Modern Drama* [*Modernismo no Drama Moderno*]. Cornell University Press, 1953. p. 11.

meados do século XX: se *Esperando Godot* e *A Lição* são belos exemplos do Teatro do Absurdo, então *Casa de Bonecas* e peças radicais subsequentes da Terceira Onda Feminista prestam-se espetacularmente ao epíteto de Teatro do "Oprimido".[2]

Porém, apesar das conotações negativas da peça de Ibsen de uma perspectiva cristã, ela com certeza não é desprovida de mérito artístico nem de valor de entretenimento. Porém, algumas obras de arte têm consequências, e *Casa de Bonecas* é potencialmente uma obra de ficção moralmente destrutiva, consciente ou inconscientemente. O mesmo se pode dizer de uma peça contemporânea muito menos artística da Terceira Onda Feminista intitulada *Os Monólogos da Vagina*,[3] que foi encenada milhares de vezes em dezenas de países.

Em algumas encenações desta peça, as mulheres são postas num frenesi de gritar repetidamente o calão "b." usado para a genitália feminina (é difícil imaginar Nora gritando essa palavra com Torvald antes de bater a porta).

Se, para muitos europeus do século XIX, *Casa de Bonecas* era escandalosa, os *Monólogos* fazem-na parecer branda na comparação. E uma das mensagens centrais dessas peças é que as mulheres não são responsáveis por ninguém além delas mesmas. No que isso vai dar num casamento e nos relacionamentos? Em geral, em divórcio ou em término. Isso não equivale a dizer que o homem é dono da mulher, como se ela fosse sua escrava. Porém, desde a visão de mundo cristã, duas pessoas do sexo oposto só podem se tornar uma por meio da intimidade do casamento.

Se Nora tivesse estudado a Bíblia, teria entendido que vivemos num mundo decaído, desprovido de igualdade *definitiva*. Michael Meyer, dramaturgo e tradutor, disse que o tema de *Casa de Bonecas* é "a necessidade de cada indivíduo de encontrar o tipo de pessoa que realmente é, e de esforçar-se para tornar-se essa pessoa".[4] (Psicopatas do mundo, alegrai-vos!) Porém,

---

[2] Pelo que se pode perceber claramente não há aí uma referência consciente ao "Teatro do Oprimido" de Augusto Boal. (N. T.)

[3] Eve Ensler, *The Vagina Monologues*, 1996.

[4] Michael Meyer, *Ibsen: A Biography*. Garden City, Nova York, Doubleday, 1971.

Jesus disse: "Aquele que tentar salvar a sua vida, perdê-la-á. Aquele que a perder por minha causa, reencontrá-la-á" (Mateus 10,39).

Uma declaração a respeito de ser fiel a si mesmo traria muito conforto aos malfeitores e ditadores do mundo. Também daria sinal verde para os milhões de homens e mulheres casados do mundo inteiro cometerem adultério, contarem mentiras, serem preguiçosos e egoístas, abandonarem a família e toda uma lista de traços faltosos em nossos corações e mentes de pecadores mortais decaídos. A Bíblia nos diz: "Nada mais ardiloso e irremediavelmente mau que o coração. Quem o poderá compreender?" (Jeremias 17,9).

O problema com Nora, com Hedda Gabler *et al.* é elas serem escravas da condição de vítima. E, hoje, a Intelligentsia" constantemente impulsiona os "méritos" da condição de vítima e da opressão numa cultura mais confusa que nunca. Eleanor Sharman, escritora, disse que o feminismo das vítimas ensinou-a a enxergar seu corpo como algo inviolável e qualquer ação que sucedesse a ele como violência.

Ela acabou parando de sair à noite, pois "o risco não valia a pena". Ela disse:

> Demorei muito para perceber o que tinha acontecido. O feminismo não tinha me fortalecido para enfrentar o mundo – não tinha me deixado mais forte, mais robusta ou mais durona. Ironia das ironias, ele me transformou em alguém que usava saias longas e ficava em casa com as amigas. Até sair de casa virou um campo minado. E se um homem assobiasse para mim? E se alguém me desse uma conferida? Como é que eu ia lidar com isso? Esse medo todo me transformou numa mulher tediosa, emocionalmente frágil, que nunca saía de casa.[5]

Ela acrescentou que o feminismo moderno treina as mulheres para enxergar sexismo e vitimização em tudo, e as enfraquece. Apesar de todos os seus defeitos "de protetor excessivo", Torvald estava longe de um

---

[5] Eleanor Sharman, "How I Became a Feminist Victim" [Como me Tornei uma Vítima Feminista], *Spiked Magazine*, 10 fev. 2016.

típico opressor masculino ou de uma fera primitiva agressiva que sufo-cava Nora, o pobre floquinho de neve. Qual homem nunca sentiu von-tade de largar a esposa imediatamente depois de uma longa discussão? E quantas vezes, num acesso de raiva, uma mulher não afirmou odiar o marido, e lamentou ter feito a afirmação inflamada assim que passou o calor do momento?

Nora age como se Torvald fosse alguma espécie de vilão condescen-dente e intimidador. Porém, nem todas as mulheres que buscam uma igualdade razoável e justa veem os homens como monstros. Christina Hoff Sommers, escritora e ex-professora de filosofia, diz que há distinção entre as feministas da equidade e as feministas de gênero. As feministas da equi-dade acreditam em direitos, oportunidades e recompensas iguais para ho-mens e mulheres. Porém, segundo Sommers, o feminismo foi dominado pelas feministas de gênero, que desejam usar o sistema educacional para transformar a cultura masculina.

As feministas de gênero acreditam que os papéis sexuais tradicionais de homem e mulher são inventados pelos homens para oprimir as mulhe-res.[6] Porém, um estudo de 2006 publicado no jornal *Sunday Times*, do Reino Unido, verificou que as mulheres parecem ser as principais oponentes do progresso das mulheres.[7] O estudo verificou que a "rivalidade feminina no trabalho pode às vezes afetar as carreiras das mulheres tão negativamente quanto o sexismo". Diz o estudo:

> Esqueça "empregos para homens". Uma pesquisa sugere que mu-lheres em posição de chefia têm muito mais chances de discriminar

---

[6] Christina Hoff Sommers, *Who Stole Feminism: How Women Have Betrayed Women* [*Quem Roubou o Feminismo: Como as Mulheres Traíram as Mulheres*]. Simon & Schuster (ed. revi-sada, 1995).

[7] Notícia de jornal, 31 dez. 2006, jornal britânico *Sunday Times*, intitulada: Office Queen Bees Hold Back Women's Careers"["Rainhas do escritório bloqueiam carreiras femininas"]. As duas autoras, Roger Dobson e Will Iredale, falam de um estudo com mais de 700 mulheres feito pelo Instituto Max Planck de Desenvolvimento Humano em Berlim; a principal autora é a psicóloga Rocio García Retamero.

funcionárias mulheres. O estudo verificou que, diante de candidaturas a promoções, as mulheres eram mais propensas que os homens a avaliar candidatas mulheres como menos qualificadas que candidatos homens. Também tendiam a reduzir as perspectivas de promoções de mulheres e a considerá-las mais controladoras que os homens em seu estilo de gestão.

Hoje em dia, parece que há uma tendência de mais mulheres em posições de gestão, discriminarem outras mulheres "possivelmente porque elas gostam de ser a única gestora mulher ou a única mulher no trabalho".

A vida para homens e mulheres em relacionamentos é uma luta diária e, embora ela às vezes seja aterrorizante, pode ser altamente recompensadora e positiva para a sociedade. Nenhuma pessoa razoável é contra um movimento feminista racional que busque a equanimidade na educação superior, direitos de propriedade, cargos justos e o direito ao voto. Qualquer movimento que busque proteger a família tradicional e alimentar o amor e a bondade é bem-vindo.

Porém, parece que passamos de um drama oitocentista que questiona os papéis tradicionais de homens e mulheres para um palco do século XXI repleto de mulheres que fazem saudações com o punho direito comunista erguido e não param de falar de suas vaginas. E isso é visto por muitos progressistas contemporâneos como algo "racional" e sofisticado? Essa nova onda de feminismo de gênero saiu dos trilhos quando começou a satanizar os homens e a culpá-los por todos os males da história humana, segundo o ícone feminista Camille Paglia:

> Trata-se de uma visão de mundo neurótica, que foi formulada em casos demais por mulheres (incluindo Gloria Steinem e Kate Millett) com infâncias difíceis em lares instáveis.

Paglia disse que seus primeiros modelos, Amelia Earhart e Katharine Hepburn, eram individualistas ferozes e competidoras que gostavam dos homens e os admiravam, e que nunca se entregavam à cansativa, presunçosa, e repetitiva atividade de falar mal dos homens que vemos o tempo todo nas feministas de hoje em dia.

Sou uma feminista que crê na igualdade de oportunidades, que é contra proteções especiais para mulheres. O que estou dizendo em minha obra é que as meninas que são doutrinadas para ver os homens não como iguais, mas como opressores e estupradores, estão condenadas a ficar numa condição permanentemente juvenil o resto da vida. Elas cederam seu arbítrio pessoal a um credo venenoso que afirma empoderar as mulheres, mas que acabou por infantilizá-las. Analogamente, os meninos não terão motivação para amadurecer se suas parceiras amorosas potenciais permanecerem emocionalmente inseguras, frágeis, e medrosas, sempre procurando instâncias que possam fazer o papel de pais (como comitês universitários para lidar com ofensas ou reguladores do governo) e tornar o mundo seguro para elas.[8]

A mensagem em *Casa de Bonecas* seguramente parece um ataque à família tradicional e aos valores cristãos. Nesse ínterim, a Escandinávia tornou-se o território mais secular do Ocidente. Mary Eberstadt, *Senior Fellow* do Ethics and Public Policy Center em Washington, D.C., pergunta: "Quem foi pioneira na família ocidental sem casamento e seu aliado próximo, o Estado de bem-estar social (cujo papel provavelmente crucial na secularização também faz parte desse cenário)? A Escandinávia.

"Qual é provavelmente o lugar mais atomizado do mundo ocidental hoje, medido, por exemplo, pelo número de pessoas que nem sequer vivem numa família? Outra vez, a Escandinávia".[9]

Parece que a *Casa de Bonecas* é uma casa partida, sem Deus. Nora pode ser uma protagonista ficcional, mas não é nenhuma heroína. Os verdadeiros heróis deste mundo são as mães que sacrificam tudo para que os filhos se tornem cidadãos decentes e morais. O abandono dos filhos trouxe uma tristeza inenarrável a este mundo em que, nos últimos quarenta anos, não

---

[8] "Sam Dorman interviews Camille Paglia", *The Washington Free Beacon*, 15 maio 2017.

[9] Entrevista com Mary Eberstadt, conduzida por Gerald J. Russello, publicada originalmente em 21 jul. 2013 em *The University Bookman* com o título "Faith and Family: A Two-Way Street" [Fé e Família, Uma Rua de Mão Dupla].

são só as Noras que são culpadas, mas também muitos homens que vão embora de casa para nunca mais voltar. Porém, deixemos a última palavra com o bioquímico Roderick Kaine: "Ser homem ou mulher não impede você de ser um fdp".[10]

---

[10] Entrevista na Red Ice Radio. "Smart and Sexy: Biological Differences Between Men and Women" [Inteligente e Sexy: Diferenças Biológicas entre Homens e Mulheres] (13 mar. 2017).

20. *A Morte de Ivan Ilitch*, de Tolstói

Theodore Dalrymple

Da janela do escritório na casa em que morei por mais de 20 anos, eu via uma igreja vitoriana bem bonita que não estava exatamente fora de uso, mas que só tinha grandes congregações em casamentos e em funerais, talvez como a maioria das igrejas de hoje. Os funerais aconteciam nos dias úteis, e eram majoritariamente frequentados por pessoas abastadas – ou talvez eu deva dizer: por pessoas que tinham sido abastadas. Carros importantes estacionavam em volta da igreja, e pessoas importantes, vestidas com sóbrio cuidado, saíam deles.

Eu via os congregantes emergindo da igreja: estavam claramente aliviados com o fim da cerimônia e por poder voltar a suas ocupações diárias. Seu primeiro ato ao deixar a igreja, o primeiro ato de muitos deles, era olhar o celular: talvez tivessem acontecido importantes desenvolvimentos durante a cerimônia. Eles davam a impressão de pensar que a morte não se aplicava a eles, como se o ente querido que se fora tivesse feito isso consigo mesmo por descuido ou por algum mau hábito que, se evitado, tornaria os homens imortais.

Tendemos a supor que esse embaraço diante da morte – os congregantes pareciam acima de tudo embaraçados – é algo novo, um desenvolvimento recente em nossa sociedade cada vez mais secular, em que a ideia de uma boa morte está (para inventar uma expressão) morta, e em que a morte mesma é considerada anômala. De fato, estamos voltando ao estágio dos azande, a tribo sudanesa estudada pelo antropólogo E. E. Evans-Pritchard, para os quais toda morte era resultado de uma feitiçaria maligna: só que, em nosso caso, a feitiçaria foi substituída pela negligência ou pelo erro médico como explicação da morte. Porém, *A Morte de Ivan Ilitch*, publicado originalmente em 1882, nos recorda de que o embaraço causado pela morte vem de mais longe do que talvez imaginássemos.

A primeira parte da novela de Tolstói – longa demais para ser um conto sem ser longa o suficiente para ser um romance – recorda a cena após a morte, aos 45 anos, de Ivan Ilitch Golovin, respeitado juiz de instrução que sempre obedeceu às convenções e seguiu as regras, por assim dizer. Ele havia conquistado uma posição bastante alta. Porém, embora seu salário fosse bom, sempre vivera um pouco acima do que tinha. Apresentar uma bela fachada para os outros sempre fora importante para ele, sempre estar *comme il faut*.

Depois de sua morte, os colegas chegam a seu funeral, mas não estão pensando no morto, e sim em como sua morte afetará as chances deles de serem promovidos. Se tivessem celulares para consultar, teriam consultado. Schwartz, um deles, dá uma piscadela para outro, Piotr Ivanovich, seu amigo mais próximo, de infância, como que para dizer: "Ivan Ilitch deixou a maior bagunça – nós teríamos feito diferente". Pensei em minha vista da igreja. E, quanto à viúva de Ilitch, Praskóvia Fiódorovna, ela logo se mostra mais preocupada com a pensão que receberá que com chorar a morte do marido.

Tendo descrito com desconfortável acuidade a resposta do círculo de Ivan Ilitch à sua morte – desconfortável por ser precisa demais e por estar dentro da nossa própria experiência –, Tolstói conta os últimos meses da vida de Ivan Ilitch. Antes de adoecer, ele é um homem razoavelmente contente. É verdade que seu casamento está longe de ser feliz, mas ele consegue se distrair dele com seu trabalho e com encontros com amigos e colegas para jogar *whist*. Na verdade, jogar *whist* é a alegria de sua vida, e, como a maioria dos homens, ele vive como se fosse viver para sempre.

Enquanto organiza a decoração de seu novo apartamento, tarefa à qual confere suprema importância, ele tem um leve acidente e bate o lado, o que lhe causa dor. Esta, porém, não passa, como aconteceria se fosse algo superficial. Pelo contrário, o incomoda e só piora. Ao longo dos três meses seguintes, Ivan Ilitch vai ficando cada vez mais doente, cada vez mais fraco. Pela descrição, ele tem um câncer que progride rapidamente, e é um testemunho da impressionante precisão com que Tolstói retrata a vida o fato de que, efetivamente, as pessoas muitas vezes atribuem seus cânceres subsequentes a um leve acidente, o qual originalmente dirigiu sua atenção para o estranho tumor dentro delas. Nos Estados Unidos, é verdade, há autores de processos que, com o apoio de testemunhas especializadas corruptas, fazem alegações fajutas, às vezes com sucesso, de que seus cânceres foram causados por pequenos acidentes algum tempo antes.

Não demora muito para que fique claro que Ivan Ilitch está morrendo. Ele próprio sabe disso, mas ninguém lhe falará francamente a respeito disso, não por consideração com ele, mas por consideração consigo mesmos: eles acham embaraçoso contemplar a morte. (Como diz La Rochefoucauld, ninguém consegue encarar por muito tempo nem o sol nem a morte.) Todos em volta dele continuam a vida como se estivessem sofrendo de uma pequena inconveniência. Os médicos que ele consulta não agem melhor: eles discordam entre si a respeito do que lhe faz mal, embora cada qual fale em pomposos circunlóquios que disfarçam a ignorância que está por trás, e cada qual prescreva dietas e remédios inutilmente sofisticados (inúteis tirando a morfina ou o ópio, os quais, se não o curam nem retiram por completo sua dor, ao menos reduzem por algum tempo sua consciência da situação). Os rituais presunçosos dos médicos não servem a propósito nenhum além do autoengano, de impedir uma consciência clara de sua própria impotência, assim como as atividades contínuas da casa de Ivan Ilyich, de seus amigos e de seus colegas permitem que eles evitem pensar na morte, inclusive na própria.

Assim, Ivan Ilitch é envolvido por uma atmosfera de inverdade que ele acha mais intolerável que a própria doença. Para ele, isso é uma aflição. Seu único alívio vem de Gerasim, jovem servo camponês que, de maneira direta, tenta ajudar o senhor por saber que ele está morrendo, e diz isso. Aqui Tolstói faz o contraste entre sua família e seu círculo social europeizados e materialmente avançados, em que não há verdade nem sentimento, e o camponês, bondoso e portador da verdade. Isso, é claro, está de acordo

20. *A Morte de Ivan Ilitch*, de Tolstói

com a doutrina *à la* Rousseau de Tolstói a respeito dos efeitos corruptores da riqueza e com suas tentativas pessoais de passar por um mero campo-nês, quando na verdade ele permanecia o *grand seigneur*.

Tão doloroso quanto a atmosfera de mentira que agora cerca Ivan Ilitch é o exame que ele faz da própria vida, a qual, ele percebe agora, sempre foi uma busca de falsos deuses. Ele buscou o avanço profissional, um salário mais alto, a respeitabilidade e o respeito dos colegas que também idolatraram falsos deuses. Ele achou que as aparências tinham de ser mantidas por causa das opiniões que outras pessoas tinham a seu respeito. É por isso que a decoração do apartamento era tão importante para ele, apesar (do ponto de vista de Tolstói) de sua óbvia trivialidade e desimpor-tância. É simbolicamente significativo que o machucado que ele considera a causa de seu câncer tenha acontecido na hora de pôr as cortinas – o que não é uma causa pela qual valha a pena morrer.

Tolstói é artista demais para fazer de Ivan Ilitch um homem muito mau. Este nunca agiu de maneira abominável, e os pecados de sua juventude são versões muito suavizadas daqueles que o próprio Tolstói cometeu: pecadilhos descuidados mais que qualquer coisa que peça uma punição condigna. Lon-ge de ser profundamente mau, ele é profundamente ordinário, e para Tolstói essa é a questão. Ao longo da vida, Ivan Ilitch, assim como a maioria das pessoas, apenas seguiu um caminho praticamente preparado para si mesmo pelas circunstâncias, sem nunca sequer se dar ao trabalho de se perguntar qual o motivo daquilo tudo, se era certo, ou se havia um jeito melhor de se viver. Ele aceitou os valores convencionais dos que estavam à sua volta, bajulando os superiores e assumindo no tribunal uma seriedade que essen-cialmente não era mais que uma farsa ou o desempenho de um papel, a lei mesma (nesse ponto, Tolstói é muito russo) não sendo nada além da codifi-cação da injustiça. Afora isso, ele criou os filhos para seguir o mesmo código; ele quer que a filha se case com um advogado que é uma versão mais jovem dele mesmo. Assim, não surpreende que, enquanto ele está no leito de morte, esposa e filhas estejam no teatro vendo Sarah Bernhardt atuar – nada menos que o apogeu da falsidade artística que Tolstói abominou em seu *O que É a Arte?*.

Os últimos três dias da vida de Ivan Ilitch são tão terríveis que é im-possível descrevê-los (tirando o fato de que Tolstói os descreveu). Ele grita o tempo todo, de modo que pessoas a até dois cômodos de distância não aguentam. Sua agonia é um misto de dor física e espiritual. No fim do fim, porém, há um momento de redenção:

> Onde estava a morte? Não havia medo nenhum, porque não havia morte.
> Em lugar da morte, havia luz.
> – Então é isso! – disse ele de repente, em voz alta. – Felicidade!
> Tudo isso aconteceu num único instante, e o sentido daquele instante não mudaria.

A implicação é que, se Ivan Ilitch tivesse seguido o caminho certo desde o começo, muito sofrimento – tanto o dele quanto o que ele infligiu a outras pessoas – poderia ter sido evitado.

O que tirar disso? Para mim, a possível redenção súbita no fim da vida parece uma faca de dois gumes. Ela oferece esperança, claro, mas também, ao dar a impressão de que nada é irredimível, promove o pecado. Certamente há males que arrependimento nenhum pode redimir. E Tolstói, assim como muitos homens de ego gigante, não era de fato capaz de verdadeira crença ou sentimento religioso. Quando Tolstói encontrou Deus, a honra foi de Deus, não de Tolstói.

Ele, Tolstói, também parece um pouco duro com a humanidade comum. Não porque não tenha descrito os seres humanos assim como são: pelo contrário, ele fez isso com suprema precisão. Porém, é o tom rigorista por trás de suas descrições que acho levemente desagradável. A figura de Schwartz (talvez não seja de todo coincidência que ele tivesse nome alemão) é exibida para nossa desaprovação porque, enquanto Ivan Ilitch jaz morto, ele pensa em sua partida de *whist*. Não é que não haja pessoas como Schwartz: pelo contrário, a maior parte da humanidade é como ele. Sem dúvida, é trivial pensar numa partida de *whist* na presença da morte: porém, no que exatamente Schwartz deveria pensar? O que ele deveria fazer? Será que Schwartz tem de expressar uma tristeza que não sente, ou que não sente por muito tempo? Esse é o caminho do embuste. A vida tem de continuar. Depois da minha morte, o quitandeiro ainda abrirá as portas para vender seus repolhos.

20. *A Morte de Ivan Ilitch*, de Tolstói

21. "Os Mortos", de Joyce

Um tempo para nascer, um tempo para morrer

Kenneth Francis

"Os Mortos" é um conto de James Joyce que faz parte de seu livro *Dublinenses*, publicado em 1914. É considerado um dos maiores contos da língua inglesa. O cerne deste ensaio concentra-se no fim do conto, na hora em que o jantar está terminando e os convidados estão indo embora.

O protagonista é um professor chamado Gabriel Conroy que, com Gretta, sua esposa, chega tarde a uma festa numa noite de inverno em Dublin, na Irlanda. Durante o jantar, Gabriel começa um discurso que preparou, elogiando a hospitalidade tradicional irlandesa, observando que "estamos vivendo numa era cética [...], intelectualmente atormentada", e referindo-se às tias Kate, Julia e Mary Jane como as três Graças.

O discurso termina com um brinde e uma cançoneta. Enquanto se prepara para sair da festa, Gabriel encontra a esposa, que parece triste e confusa, de pé no alto das escadas. De outro cômodo, um convidado chamado Bartell D'Arcy está cantando "The Lass of Aughrim". Gabriel e Gretta saem da festa e vão para o hotel onde estão hospedados.

Ao chegarem ao hotel, Gretta se mostra distante e melancólica. Quando Gabriel lhe pergunta o que há de errado, ela diz que está pensando na canção "The Lass of Aughrim". Diz que ela a faz pensar num homem chamado Michael Furey, que a cortejara muitos anos atrás. Ele costumava cantar essa canção para ela, e morrera de uma doença aos dezessete anos. Quando Gretta adormece, Gabriel fica triste e doído por ela ter se sentido assim em relação a outro homem. Ele se entristece e reflete sobre os incontáveis mortos nas vidas dos vivos, e observa que todas as pessoas que conhece, incluindo ele próprio, também morrerão e não serão nada além de uma lembrança. Ao fim da história, lemos:

> Seus olhos se dirigiram para a cadeira sobre a qual ela tinha jogado algumas de suas roupas. Uma linha da anágua pendia na direção do chão. Uma bota estava de pé, a parte de cima, mole, caída: sua companheira, deitada a seu lado. Ele pensava no tumulto de emoções que sentira uma hora antes. De onde tinha vindo? Da ceia da tia, de seu próprio discurso tolo, do vinho e da dança, das brincadeiras na hora das despedidas no saguão, do prazer de andar na neve pela margem do rio.

Gabriel tem a sensação de estar perdendo o controle sobre Gretta ("Ele queria ser o senhor de seu estranho estado de espírito"). Porém, não está consumido pelo ciúme. Na Bíblia, Deus não nos controla, apesar de ter esse poder, mas diz-nos que é um Deus ciumento (Êxodo 20,4-5). Hoje, consideramos esse traço egoísta, desconfiado, possessivo, um "monstro de olhos verdes". Porém, no Antigo Testamento a palavra ciumento deriva da palavra "zelo".[1] E Deus é zeloso na proteção daquilo que ama e do que é precioso para Si Mesmo. Gabriel, que tem uma fagulha do Divino, sente-se do mesmo jeito em relação a Gretta, a quem ama apaixonadamente. Não sentir-se ferido nem ciumento em relação a alguém que se ama significaria não estar consumido por amor e paixão. O ciúme nem sempre é a mesma coisa que querer controlar alguém possessivamente. Deus nos dá o livre-arbítrio para amá-Lo ou rejeitá-Lo. Gabriel também tem o livre-arbítrio de deixar Gretta, mas os sentimentos românticos dela por outro homem, mesmo morto, provocam o caos em suas emoções.

---

[1] O "Deus ciumento" está consagrado na língua portuguesa, embora a Bíblia da Ave-Maria já fale em "Deus zeloso". As duas palavras têm raiz semelhante: "ciúme" vem do latim *zelumen*, e "zelo", do latim *zelus*. No original inglês deste livro, a semelhança é mais evidente: *jealous* é "ciumento", e *zealous* é "zeloso". (N. T.)

Sua alma tinha se aproximado daquela região onde habitam "as vastas hostes dos mortos". Num de seus romances, o autor Somerset Maugham escreveu, a respeito das emoções de um personagem: "Ele podia não mostrar seus sentimentos. As pessoas diziam-lhe que ele não era emotivo: porém, ele sabia que estava à mercê de suas emoções: uma bondade acidental tocava-o tanto que às vezes ele não se aventurava a falar para não trair a inconstância de sua vontade".[2]

> Pobre tia Julia! Ela, também, logo seria uma sombra junto da sombra de Patrick Morkan e de seu cavalo. Ele tinha captado aquele olhar descomposto no rosto dela por um instante enquanto ela cantava "Arrayed for the Bridal". Logo, talvez, ele estaria sentado na mesma sala de estar, vestido de preto, o chapéu de seda nos joelhos. As persianas estariam descidas, e tia Kate estaria sentada ao lado dele, chorando, assoando o nariz e dizendo-lhe como Julia tinha morrido. Ele procuraria na mente algumas palavras que talvez a consolassem, e só encontraria palavras esfarrapadas e inúteis. Sim, sim: isso aconteceria muito em breve.

Assim como Gabriel, todos nós um dia teremos de enfrentar a tristeza de perder um ente querido para a morte. Alguém que você conheça hoje talvez morra amanhã. Em *The Dead* [lançado no Brasil como *Os Vivos e os Mortos*], a versão cinematográfica do conto dirigida por John Huston, o papel principal é representado por Donal McCann, um dos melhores atores de teatro da Irlanda. Conversei com McCann muitos anos atrás durante uma filmagem e, assim como Gabriel, ele era quieto, profundamente reflexivo e discreto. Na época, era também jovem, forte e robusto. Porém, em 1999, oito anos depois da nossa conversa, ele morreu de câncer no pâncreas, com a idade relativamente jovem de 56 anos.

Porém, apesar da dor e da tristeza quando chega a hora da morte, para o cristão não somos deste mundo, e, em nosso leito de morte, nosso corpo decrépito e podre está ensaiando para o acontecimento maior e eterno.

---

[2] W. Somerset Maugham, *Of Human Bondage*. George H. Doran Company, 1915. [Publicado no Brasil como *Servidão Humana*].

E mesmo que nossos entes queridos não cheguem ao Céu, a Visão Beatífica é a autocomunicação última de Deus com aqueles que morreram fisicamente e renasceram espiritualmente.

Essa salvação eterna e perfeita e essa visão de alegria apagam todas as formas de lamentação por aqueles que foram amados. Porém, para o não teísta, a potencialidade de tristeza e a inevitabilidade da morte estão inextricavelmente ligadas ao terror da existência. A extinção da consciência é filosófica, teística e cientificamente impossível, pois estados mentais não são físicos (tente pesar ou medir amor, alegria, raiva ou lógica). Assim, para onde vão nossos pensamentos? Segundo o cristianismo, o inferno existe e aqueles que não estão paralisados pelo medo dos tormentos inomináveis que há nele obviamente não entendem o que ele significa. Significa que aqueles que rejeitam Cristo estarão separados no inferno pela eternidade.

Em *Retrato do Artista quando Jovem*, Joyce parece ter uma boa ideia da consequência de ir para o inferno. Stephen, o protagonista, vive com medo do sermão do fogo do inferno do frei Arnall. E o que poderia ser mais aterrorizante que um estado eterno de trevas, de gritos, de xingamentos, enquanto todos os cinco sentidos sofrem enormes dores, sem fim, na companhia dos seus piores inimigos e demônios?

Porém, a Bíblia também nos diz que há graus de punição no inferno, assim como há graus de recompensa no Paraíso. "O servo que, apesar de conhecer a vontade de seu senhor, nada preparou e lhe desobedeceu será açoitado com numerosos golpes. Mas aquele que, ignorando a vontade de seu senhor, fizer coisas repreensíveis será açoitado com poucos golpes" (Lucas 12,47-48). Para os analfabetos em metáforas, esses golpes não são golpes físicos, mas graus de tristeza advinda da separação de Deus. A separação cada vez maior entre Gabriel e Gretta induziu uma contemplação profunda de sua própria existência finita.

> O ar do quarto gelava seus ombros. Ele se esticou cuidadosamente debaixo dos lençóis e deitou-se ao lado da esposa. Um por um, todos iam virando sombras. Melhor passar ousadamente para aquele outro mundo, na plena glória de alguma paixão, que desaparecer e definhar tristemente com a idade.

É importante entender a época que serve de base a "Os Mortos": a Irlanda, logo antes da Revolta da Páscoa, era supostamente um país católico, com uma alta taxa de mortalidade de adultos e crianças. O conto também se passa perto do Dia de Reis (6 de janeiro, começo dos anos 1900), que celebra a manifestação da divindade de Cristo para os três reis magos.

Porém, desde o Iluminismo, o tipo de cristianismo ensinado na Irlanda estava (e ainda está) longe da Escritura ortodoxa. Mesmo Gabriel não parece muito religioso. A Irlanda talvez tivesse a aparência de um país católico depois do século XVIII, mas se mostra cripticamente cada vez mais anticristã. Por que tantos irlandeses do século XXI sentem repulsa pelo legado da Igreja? De "padres" transviados e impostores que infiltraram a Igreja a sermões corruptos e grosseiros sobre as Escrituras, chegamos a um ponto em que até a ímpia BBC pergunta: "será que o papa é católico?".[3]

O mais provável é que Joyce, nascido católico e formado pelos jesuítas, tenha sido ateu na vida adulta. Escrevendo no *New York Times*, Jonathan Wolfe disse que, quando Edgar Allan Poe morava numa casinha no Bronx, em Nova York, "ele visitava os jesuítas num colégio próximo, hoje parte da Universidade Fordham. Ele gostava da ordem, como disse a um amigo, porque eles fumavam, bebiam e jogavam cartas como cavalheiros, e nunca diziam uma palavra sobre religião".[4]

É o caso de perguntar-se de que modo eles ensinaram ou inspiraram Joyce, que também lia o ímpio Schopenhauer e ouvia Wagner.[5] Boa parte de seu pessimismo, refletido nesses dois autores alemães, pode ser visto em elementos do trabalho de Joyce, em particular em "Um Caso Difícil", que também faz parte de *Dublinenses*. Há também os ecos de assonância na prosa nas últimas palavras de "Os Mortos" e em trechos de *O Mundo como Vontade e Representação*, de Schopenhauer. Talvez nunca saibamos se Schopenhauer ou Joyce bravamente passaram para aquele outro mundo de Deus. (Joyce morreu um mês antes de completar 59 anos.)

---

[3] "Is the Pope Catholic?" [O Papa É Católico?], BBC World Service, *The Inquiry*, 23 out. 2017.

[4] *The New York Times*, "New York Today" [Nova York Hoje], 19 jan. 2017.

[5] *Tristão e Isolda*, de Wagner; *O Mundo como Vontade e Representação*, de Schopenhauer.

Ele pensou em como aquela que estava deitada ao lado dele tinha trancado no coração por tantos anos aquela imagem dos olhos do namorado quando este lhe dissera que não queria viver. Lágrimas generosas encheram os olhos de Gabriel. Ele nunca tinha ele mesmo sentido aquilo em relação a mulher nenhuma, mas sabia que um sentimento assim devia ser amor [...]. Sua alma tinha se aproximado daquela região onde habitam as vastas hostes dos mortos. Ele estava consciente da existência instável e bruxuleante deles, mas não conseguia apreendê-la. Sua própria identidade estava se desvanecendo num mundo cinza e impalpável: o próprio mundo sólido, que esses mortos outrora tinham erigido e no qual haviam vivido, estava se dissolvendo e minguando. Algumas leves batidas na vidraça fizeram-no voltar-se para a janela. Tinha começado a nevar outra vez. Ele observava sonado os flocos, prata e escuros, caírem obliquamente contra a luz da lamparina. Tinha chegado a hora de ele partir em sua jornada para o oeste. Sim, os jornais tinham razão: havia neve por toda a Irlanda. Estava nevando em toda parte da escura planície central, nas colinas sem árvores, caindo suavemente sobre o Bog of Allen, e, ainda mais a oeste, caindo suavemente nas escuras ondas amotinadas de Shannon. Estava caindo, também, em toda parte do solitário cemitério da igreja na colina em que Michael Furey estava enterrado. Ela se depositava, espessa, em bocados nas cruzes e lápides tortas, nas flechas do portãozinho, nos espinheiros estéreis. Sua alma desfalecia lentamente enquanto ele ouvia a neve cair fraca pelo universo e cair fraca, como a descida de seu fim último, sobre todos os vivos e os mortos.

E em todos esses cemitérios, do Bog of Allen até as escuras ondas de Shannon, jazem os restos de homens, mulheres e crianças, muitos dos quais lutaram com a paga do medo e do terror da existência. Num universo sem Deus, a neve cai, a maré vai e vem, as pedrinhas se retiram e retornam, e recomeçam e recomeçam e recomeçam, como expressado tão pungentemente no clássico poema "A Praia de Dover", de Arnold; ao passo que os rios, os mares, e o universo simplesmente continuam rolando, alheios, amorais e sem sentido.

Mas, com Deus, Ele enxugará toda lágrima dos nossos olhos. Não haverá mais morte, nem luto, nem choro, nem dor, pois a ordem antiga das coisas terá passado. "Nesse monte, Ele tirará o véu que vela todos os povos, a cortina que recobre todas as nações, e fará desaparecer a morte para sempre. O Senhor Deus enxugará as lágrimas de todas as faces e tirará de toda a terra o opróbrio que pesa sobre o seu povo" (Isaías 25,6-8). – Sobre os vivos, e sobre os mortos.

22. "A praia de Dover", de Matthew Arnold

Theodore Dalrymple

Assim como é tolice procurar uma data precisa para o começo de qualquer processo social, também é tolice procurar a primeira percepção de que ele está acontecendo. Porém, com certeza ninguém deixaria de citar "Dover Beach", o poema mais famoso de Matthew Arnold, como um marco no declínio da crença religiosa nas sociedades ocidentais, ou ao menos anglo-saxãs.

Matthew Arnold (1822-1888) foi criado numa forma de anglicanismo estrênua, para não dizer musculosa. Ele perdeu a fé quando ainda era relativamente jovem, entre os vinte e os trinta anos, mas nunca se tornou um ateu militante como Charles Bradlaugh, seu contemporâneo, o primeiro ateu confesso a ter uma cadeira no Parlamento, que subia ao tablado e desafiava Deus a matá-lo em cinco minutos (Deus, ao que parece, não estava com pressa). E, ao contrário de Nietzsche, ele também não imaginava que a morte de Deus e da religião seria uma coisa ótima, que traria o reinado de aristocratas naturais ou dionisíacos. Pelo contrário, seu poema "A praia de Dover", escrito por volta de 1851 (e portanto no ponto alto do otimismo vitoriano, pois 1851 foi o ano da Grande Exposição, quando finalmente pareceu que o progresso material salvaria o mundo), é repleto de lamento e de preocupação com o futuro.

Posteriormente em sua vida, Arnold foi lido sobretudo por seus textos religiosos, ou melhor, por seus textos que podem ser chamados de teológicos. Tendo permanecido ligado a muitos dos ensinamentos e das tradições do cristianismo, ele queria salvá-lo da destruição causada pela crítica filológica e histórica, então contemporânea, que solapava uma leitura literal da Bíblia. Em sua visão, fazer com que o cristianismo dependesse dessa interpretação literal mostrava-se perigoso porque ele era muito vulnerável aos estudos céticos. Somente uma leitura mais metafórica poderia salvá-lo; somente se o relato bíblico nunca tivesse pretendido ser uma espécie de reportagem de jornal do que tinha acontecido o cristianismo poderia ser resgatado da dissolução nas mentes das pessoas (e, com o avanço da escolarização, outra das preocupações de Arnold, a aceitação sem questionamentos do dogma provavelmente ficaria cada vez mais problemática).

Claro que havia uma cruz para a caldeirinha do literalismo. Se não houvesse facticidade histórica nos relatos contidos na Bíblia, especialmente no Novo Testamento, o cristianismo se tornaria uma mera filosofia entre outras, sem nenhuma validade transcendente, nem direito a um *status* especial. Se os relatos devessem ser lidos como meras metáforas, então o suposto crente teria a liberdade de tirar suas metáforas de onde lhe apetecesse. Não era uma base firme sobre a qual construir ou manter uma igreja; e, em certo sentido, o cristianismo (ao que me parece) tem lutado com esse dilema desde então.

"A praia de Dover" é um poema extremamente melancólico. O clima é estabelecido desde os primeiros versos.

> O mar está calmo esta noite.
> A maré está cheia, a lua está bonita
> Sobre os estreitos; – no litoral francês a luz
> Cintila e some; os penhascos da Inglaterra postam-se,
> Reluzentes e vastos, na baía tranquila.
> Venha até à janela, é doce o ar da noite![1]

O romantismo visivelmente opera nesses versos. E, claro, a melancolia não é um sentimento desagradável por completo; pelo contrário,

---

[1] No original: *"The sea is calm tonight. / The tide is full, the moon lies fair / Upon the straits; on the French coast the light / Gleams and is gone; the cliffs of England stand, / Glimmering and vast, out in the tranquil bay. / Come to the window, sweet is the night-air!"* (N. T.)

você pode até vir a gostar dela, quase refestelar-se nela. Além disso, há um prazer ligeiramente ilícito e não admitido a tirar da agonia romântica e da exibição dos seus próprios dilemas e dúvidas existenciais, os quais demonstram a profundidade dos seus sentimentos e do seu caráter. Afinal, apenas os rasos e os que não pensam passam pela vida sem eles. Pode haver exibicionismo nas meditações religiosas e filosóficas de uma pessoa.

Porém, não acho que seria justo acusar Matthew Arnold disso. Embora ele fosse um homem de profunda seriedade, não era de jeito nenhum alguém que escarnecesse dos prazeres do mundo; era espirituoso, gostava de companhia, em especial a das mulheres, tinha algo de dândi, e foi excelente pai, ainda que infeliz, na medida em que três de seus filhos morreram com as idades de dois, catorze e dezenove anos.

Em "A praia de Dover", Arnold estabelece um paralelo entre a maré vazante e a fé religiosa, ou melhor, o recuo da fé religiosa:

> [...] da longa linha de espuma,
> Onde o mar encontra a terra enluarada,
> Ouça!, escutas o rugir áspero
> Das pedrinhas que as ondas levam, e lançam,
> Ao retornar, contra a praia,
> Começar, parar, e então recomeçar,
> Com cadência lenta e trêmula, e trazer
> A nota eterna da tristeza.
>
> O Mar da Fé
> Outrora esteve também cheio, e pelas praias da Terra
> Estendia-se como brilhante bandeira desfraldada.
> Agora, porém, só escuto
> Seu rugir longo e melancólico a retirar-se,
> Recuando, até o sopro
> Do vento noturno, até os vastos lúgubres limites
> E os seixos nus deste mundo.[2]

---

[2] No original: *"... from the long line of spray, / Where the sea meets the moon-blanched land, / Listen! you hear the grating roar / Of pebbles which the waves draw back, and fling, / At their return, up the high strand, / Begin, and cease, and then again begin, / With tremulous cadence slow, and bring*

Sem essa fé, o homem tem de enfrentar "os seixos nus deste mundo" totalmente sozinho, sem nenhum recurso além dos seus próprios. Não há sentido na vida além do que ele decide dar-lhe, o que algumas pessoas consideram, ou fingem considerar, motivo de entusiasmo: o homem como medida de todas as coisas. Arnold, porém, não está nem entusiasmado nem triunfante, mas apreensivo; e a história, creio, mostrou que ele tinha razão. Com frequência se disse contra a religião, não falsamente, que ela muitas vezes levou a disputas violentas, como se esse fosse um argumento decisivo contra ela; o secularismo, porém, em sua carreira relativamente breve, foi, *pro rata*, ainda mais letal.

Deixado por contra própria num universo vasto e fundamentalmente sem sentido, o que nos confortará? Arnold parece sugerir nos versos seguintes que é nosso amor mútuo que pode nos proteger.

> Ah, amor, sejamos fiéis
> Um ao outro! Pois o mundo, que parece
> Estar à nossa frente como uma terra de sonhos,
> Tão variados, tão belos, tão novos,
> Na verdade não tem alegria, nem amor, nem luz,
> Nem certeza, nem paz, nem socorro para a dor [...][3]

Porém, nosso amor mútuo é apenas um escudo temporário, não apenas porque – especialmente hoje em dia, agora que não há nem sacramento, nem contrato, nem senso de dever, nem desaprovação social que nos mantenha unidos – nossos afetos são mutáveis, mas porque sabemos que não morreremos ao mesmo tempo e podemos enfrentar um período prolongado sem uns aos outros. Quando o escudo do amor se vai, ficamos

---

/ *The eternal note of sadness in.* / / / *The Sea of Faith* / *Was once, too, at the full, and round earth's shore* / *Lay like the folds of a bright girdle furled.* / *But now I only hear* / *Its melancholy, long, withdrawing roar,* / *Retreating, to the breath* / *Of the night-wind, down the vast edges drear* / *And naked shingles of the world.*" (N. T.)

[3] No original: "*Ah, love, let us be true* / *To one another! for the world, which seems* / *To lie before us like a land of dreams,* / *So various, so beautiful, so new,* / *Hath really neither joy, nor love, nor light,* / *Nor certitude, nor peace, nor help for pain* [...]" (N. T.)

indefesos contra um mundo em que não há alegria, nem amor, nem luz, nem certeza, nem socorro para a dor – a menos, é claro, que esse seja o recurso ao equivalente dos opiáceos (no momento, nos Estados Unidos, não o equivalente a opiáceos, mas os próprios opiáceos).

Qual é o lado bom do longo rugir melancólico? Será que é uma população de pessoas felizmente madura e autodirigida, cada qual encontrando seu próprio sentido da vida e buscando-o ao mesmo tempo que toma cuidado para não infringir o direito de mais ninguém de buscar o sentido da própria vida? Receio que não, e Matthew Arnold também receia que não: porém, eu escrevo em retrospecto, e ele escrevia com clarividência. Ele termina o poema:

> E cá estamos como numa planície sombria
> Varridos por confusas inquietações de combate e fuga,
> Onde exércitos ignorantes enfrentam-se à noite.[4]

Muitos exércitos ignorantes enfrentaram-se à noite desde que Arnold escreveu essas palavras, causando a morte de milhões de pessoas (Ken Saro-Wiwa, escritor nigeriano que foi enforcado por seu ativismo político, deu o título de On a Darkling Plain [Numa planície sombria] a suas memórias da guerra civil nigeriana). Muito poucos desses milhões morreram em nome de uma crença religiosa, mas muitos morreram em nome de uma suposta salvação secular.

Claro que isso deixa o problema essencial intocado. Se aceitarmos que a crença religiosa, desde que não seja fanática, é boa para o homem, que no todo ela leva a um comportamento bom, ou ao menos melhor, e que o homem está muito mais à vontade no mundo com ela do que sem ela, que ela o reconforta diante das inevitáveis limitações existenciais da vida humana (particularmente a morte), o problema permanece: como fazer com que ela seja verdadeira para o homem moderno. Esse é o problema que Arnold enfrentou, creio, com clareza e honestidade. Ele duvidava de

---

[4] No original: "And we are here as on a darkling plain / Swept with confused alarms of struggle and flight, / Where ignorant armies clash by night." (N. T.)

doutrinas, e certamente não queria que, à la Estado Islâmico, as pessoas fossem forçadas a crer nelas, o que de todo modo teria sido contraproducente, ao menos a longo prazo. Além disso, não se pode dizer que algo é verdadeiro porque seria bom ou reconfortante se fosse verdadeiro: a fé tem de vir em primeiro lugar. Porém, tem de ser uma fé que por sua vez possa apontar evidências.

Matthew Arnold nunca resolveu o dilema para si, mas pôs o dedo no dilema com pungência e com seu dom poético (o qual não durou muito, porém; a Musa deixou-o, disse). Arnold posteriormente sugeriu que a cultura poderia servir de substituto para a religião, mas, mesmo que houvesse algumas pessoas para as quais ela pudesse desempenhar esse papel, seguramente não seria esse o caso da grande massa da humanidade, que foi deixada a suas distrações cada vez mais extravagantes e ao pertencimento às comunidades eletrônicas dos absorvidos em si mesmos.

23. *O Salário do Medo*, de Georges Anaud

"– O que há do outro lado deste muro?"
"– Nada"

Kenneth Francis

O *Salário do Medo*, filme clássico de 1953, não é para aqueles que têm disposição nervosa. Essa obra-prima do cinema ítalo--francês baseia-se num romance de 1950 de Georges Arnaud. O diretor francês Henri-Georges Clouzot foi coautor do roteiro daquele que seria um dos mais populares filmes legendados de todos os tempos. Tédio, temor, medo, alienação, ansiedade, paranoia, misantropia, ganância, ciúme, morte e falta de sentido estão todos presentes nesse *thriller* existencial de pesadelo.

A trama é um tanto fora do comum: quatro homens europeus, presos numa cidadezinha sul-americana dos quintos dos infernos, são contratados para apagar um incêndio num poço de petróleo a cerca de 500 quilômetros dali. O incêndio está localizado numa montanha, à qual se chega por estradas de terra esburacadas e traiçoeiras. Os personagens principais são dois franceses, um holandês e um italiano. O plano consiste em os homens levarem duas toneladas de nitroglicerina de caminhão até o poço de petróleo para explodir o incêndio e assim extingui-lo. Os caminhões têm de ser dirigidos na velocidade de uma lesma para evitar um desastre fatal com os delicados explosivos.

O Salário do Medo é seriamente explosivo em sua lúgubre mensagem. Está imbuído de filosofia niilista e das ideias de Camus e de Sartre. Os existencialistas ateus acreditavam que não há Deus e que os seres humanos estão "condenados à liberdade". Essa filosofia é irracional, pois sem Deus não existe livre-arbítrio. Se tudo é permitido, então torturar Camus e Sartre não seria diferente de cuidar deles e tratá-los com bondade.

Na peça *Entre Quatro Paredes*, de Sartre, a fala final no Inferno é: "Bem, vamos prosseguir". E essa é a atitude dos quatro homens de O *Salário do Medo*. Sartre também escreve a respeito da "náusea" da existência. E no romance O *Estrangeiro*, de Camus, o protagonista descobre que não há sentido na vida, nem Deus para dar esse sentido.

Mas voltemos ao filme: brutalmente objetivas e cruéis, a angústia existencial e a morte pairam sobre os personagens como um bando de abutres. Na cena de abertura do filme, uma criança da cidadezinha tortura o que parecem ser várias baratas amarradas no chão. A crueldade aparece na maioria dos filmes de Clouzot. Assim como Alfred Hitchcock, outro diretor católico de mentalidade independente, ao qual era comparado, traição, enganos, assassinato e luxúria são pecados típicos e habituais numa história de Clouzot.

Enquanto as crianças torturam criaturinhas, uma cidade infestada de ciganos, vagabundos, ladrões, patifes e camponeses assa todo dia ao sol. Um homem cruel e entediado fica sentado do lado de fora de um bar local jogando pedras num cão na rua. Enquanto o cão gane, as moscas zumbem, e o quarteto variegado e financeiramente quebrado sonha em fugir.

Um dos personagens, um vagabundo de coração frio e de estilo *playboy* chamado Mario, fica pelo bar enquanto a bonita faxineira Linda sonha com sua atenção, varrendo o chão a seus pés. Depois que os homens se candidatam à missão potencialmente suicida de quinhentos quilômetros da "gananciosa" petroleira americana, eles partem numa jornada para obter sua recompensa de 2 mil dólares por cabeça para a liberdade.

Cada solavanco da jornada é um lembrete da morte instantânea por incineração. Isso também nos lembra das nossas próprias jornadas de vida neste mundo caído, e de como a morte pode nos levar a cada segundo, minuto, hora ou dia. Esses homens tinham superado outros obstáculos na jornada, mas um buraco na estrada faz um dos caminhões e dois homens em mil pedacinhos.

Num mundo sem Deus, cada passo é aguardado com terror existencial. Quando o segundo caminhão chega ao local da explosão, o personagem, o ex-gângster Jo, fere gravemente a perna quando o veículo fica preso no atoleiro criado pela explosão e pelo duto de óleo subsequentemente rompido. Encharcado de óleo dos pés à cabeça, este último fica na cabine, morrendo, ao lado de seu colega de trabalho parisiense.

Ele começa a ter reminiscências, e pergunta ao frio e sarcástico Mario a respeito de uma loja em Paris que ambos conheceram muitos anos atrás. Ele diz: "Lembra-se daquela cerca? O que havia do outro lado?". Mario responde: "Nada. Um terreno baldio". Segundos depois, Jo diz suas últimas palavras antes de morrer: "Nada!". Mario continua dirigindo e por fim entrega a nitroglicerina.

Voltando em alta velocidade para a aldeia, chacoalhando pelo caminho, ele parece em êxtase por ter escapado da morte, enquanto uma valsa de Strauss toca no rádio. Na aldeia, correm os preparativos para a festa que celebrará sua volta, com Linda e os outros habitantes dançando na Cantina. Nesse ínterim, enquanto Mario corre pela montanha com toda imprudência, Linda desaba no chão. Essa cena é justaposta com o caminhão de Mario derrapando e derrubando uma grade de proteção, levando Mario a um mergulho para a morte.

Numa era de finais felizes de Hollywood, a cena de encerramento de *O Salário do Medo* era fora do comum. Ela é também aquilo que todos teremos de enfrentar algum dia: a morte. Porém, nessa paisagem sem Deus de Teatro do Absurdo, o sangue, o suor e as lágrimas da jornada de Mário são, em última instância, em vão. Tudo se perde. E quem se importa?

Segundo o naturalismo, esses robôs úmidos feitos de carne não são agentes morais. Porém, não são certamente óbvios nosso livre-arbítrio e nossa agência pessoal? Agora, se as leis da física são superiores a tudo, as conclusões são horrivelmente chocantes. Isso significa que tudo o que fazemos é determinado. Hienas, crocodilos e tigres não têm arrependimentos. Por que máquinas úmidas como nós teriam?

Valores e deveres morais tornam-se expressões do gosto pessoal. No darwinismo, nós nos tornamos os subprodutos da evolução e do condicionamento sociobiológicos. Qualquer conceito de obrigação

23. *O Salário do Medo*, de Georges Anaud

moral é delirante. A indignação moral torna-se irracional. (Será que as zebras ficam moralmente escandalizadas porque leões famintos as tratam com brutalidade? Será que serem comidas vivas é um escândalo e uma inconveniência para a sobrevivência de sua espécie?) Mario certamente tem um coração de leão. Ele viu a morte de Jo como uma inconveniência. É quase como se os personagens todos se detestassem uns aos outros.

Jesus disse: se o mundo odiar-vos, lembrai-vos de que ele me odiou primeiro. Antes de morrer, Jo grita: "Nada!". Sem Cristo, em última instância não há nada. "Porque toda carne é como a erva, e toda a sua glória como a flor da erva. Seca-se a erva e cai a flor" (1 Pedro 1,24). No universo de Schopenhauer, Mario jaz morto no fundo de um penhasco sendo devorado pelas criaturas famintas da floresta, seus átomos reciclados em sua jornada final para a morte térmica do universo.

> Porque o destino dos filhos dos homens e o destino dos brutos é o mesmo: um mesmo fim os espera. A morte de um é a morte do outro. A ambos foi dado o mesmo sopro, e a vantagem do homem sobre o bruto é nula, porque tudo é vaidade. Todos caminham para um mesmo lugar, todos saem do pó e para o pó voltam (Eclesiastes 3,19-20).

A empresa "gananciosa" de petróleo fica com o pagamento de Mario. Sem Deus, o que esses homens ganham com todos os labores por que sofrem sob o sol? A morte? Outros homens virão e passarão, mas o sol nasce na mesma cidadezinha dos quintos dos infernos de onde eles partiram, e o sol se põe, e corre de volta para onde nasce de novo e de novo e de novo. "Tudo é cansativo, mais do que se pode dizer."

Para os quatro homens, nada fazia sentido, era tudo vento que passa; não [havia] nada de proveitoso debaixo do sol (Eclesiastes 2,11)... O *Salário do Medo* é uma parábola da vida sem Deus. Podemos fazer nossa jornada da vida pisando em ovos, tentando evitar os "buracos" no caminho. Alguns de nós são "explodidos" metaforicamente pelos obstáculos na estrada; outros vivem um pouco mais antes de "cair do precipício". No fim, sem Deus, tudo terá sido para nada.

É possível que o jovem Clouzot fosse ateu quando escreveu o roteiro de *O Salário do Medo*, mas ele se converteu ao catolicismo no começo da década de 1960. Será que ele inicialmente quis mostrar um Deus teísta e demoníaco baixando os olhos para nós, insetos, atados juntos nesta vida de torturas? Ou será que esse Deus teísta sente nojo de sua criação, recuando enquanto espalhamos o caos moral na Terra?

Num mundo perfeito, *O Salário do Medo* nunca seria capaz de nos inspirar a refletir a respeito do sentido último das nossas vidas. Somente numa vida em que o sofrimento existe nos aproximamos de Deus. Pense só: um filme hipotético intitulado *O Salário do Prazer*, em que quatro homens em duas Mercedes entregam óleos corporais, perfumes e sabonetes a um grupinho de belas moças numa Mansão Playboy perto de alguma praia paradisíaca. Um filme oco e sem graça, sem tensão, suspense, ação, sofrimento e medo. Esse espetáculo de tédio brega com delícias fáceis e transitórias nunca funcionaria. Ao que parece, quando Gottfried Leibniz disse que habitamos o melhor dos mundos possíveis, ele tinha entendido alguma coisa.

Do mesmo autor, leia também:

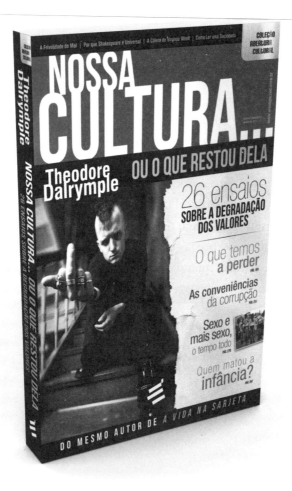

Quem são os formadores de opinião de hoje? Qual a relação entre a cultura pop e o estilo de vida dos jovens da periferia? Como a academia, o cinema, o jornalismo e a televisão têm influenciado os rumos de nossa sociedade? Theodore Dalrymple, com a lucidez que marca sua escrita, mostra como os "formadores de opinião" nem sempre estão certos do destino a que conduzem as massas.